www.tredition.de

AF186351

Attilio Ferrara

AUNDA *healing*

Mehr Göttlichkeit (er)leben

Vom Sinai bis Jordanien - Eine Reise mit Attilio Ferrara,
Heiler und Botschafter

Autoren: Anna Ballner und Stefan Hauer

www.tredition.de

© 2014 Anna Ballner und Stefan Hauer

Umschlaggestaltung: Otilia Vakej

Verlag: tredition GmbH, Hamburg
ISBN: 978-3-8495-7646-2
Printed in Germany

Bibliografische Information der Deutschen Nationalbibliothek:
Die Deutsche Nationalbibliothek verzeichnet diese Publikation in der Deutschen Nationalbibliografie; detaillierte bibliografische Daten sind im Internet über http://dnb.d-nb.de abrufbar.

Inhaltsverzeichnis

Anna Ballner, Autorin, Jahrgang 1945, seit 2005 Frequenzvermittlerin der Heilfrequenz AUNDA und autorisierte Lehrerin für die Lehren von Attilio Ferrara. Gleichzeitig ist sie auch ausgebildete und praktizierende Hospizbegleiterin. Wie sie selber von sich sagt: "Durch diese 2 Ausbildungen in Kombination war es mir in den letzten Jahren möglich, verschiedene tief greifende Erfahrungen zu sammeln und auch einige festgefahrene Denkweisen zu revidieren. Das hat mein ganzes Leben zum Positiven verändert".

Mehr Einblicke erhalten Sie auch auf: www.anna-ballner.de

Stefan Hauer, Autor, Dipl.-Kaufmann (univ.), Jahrgang 1971, ist seit frühester Kindheit geprägt durch religiöse Werte und Erfahrungen. Als langjährige Führungskraft kennt er in der Begleitung und Zusammenarbeit von nationalen und internationalen Teams viele individuelle Herausforderungen. Glaube, Vertrauen und persönliche Erfüllung sind ihm sehr wichtig.

„Dies und viel mehr habe ich in der Lehre von Attilio gefunden", wie Stefan über sich selbst reflektiert. Seit 2005 ist er tief in der Lehre AUNDA healing verwurzelt und begleitete Attilio bereits auf mehreren Reisen. Dieses Vertrauen in die göttlichen Frequenzen, sowie seine Erfahrungen gibt er auch als Lehrer der Attilio-Lehren weiter (stefan.hauer@mail.de).

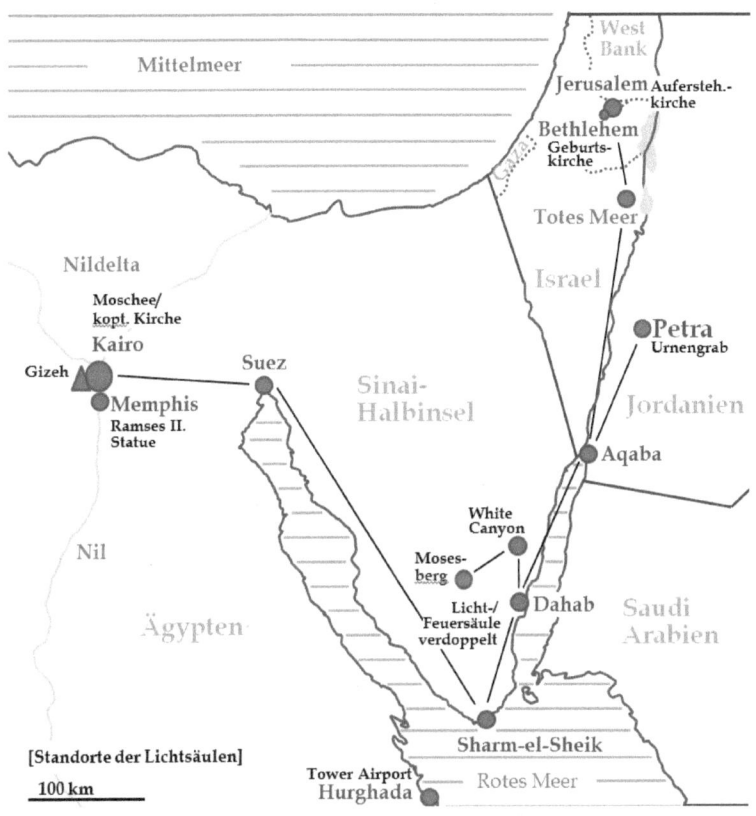

Mittelmeer

West Bank

Jerusalem Aufersteh.-kirche

Bethlehem
Geburts-kirche

Totes Meer

Nildelta

Israel

Moschee/
kopt. Kirche

Petra
Urnengrab

Kairo

Suez

Gizeh

Sinai-Halbinsel

Jordanien

Memphis
Ramses II.
Statue

Aqaba

White
Canyon

Nil

Moses-berg

Ägypten

Licht-/
Feuersäule
verdoppelt

Dahab

Saudi Arabien

Sharm-el-Sheik

[Standorte der Lichtsäulen]

100 km

Tower Airport
Hurghada

Rotes Meer

Die Orte unserer Reise

Vorwort

Wir, Anni und Stefan, sind seit Jahren Schüler und zugleich Lehrer für die Lehren von Attilio Ferrara, ein Mensch mit außergewöhnlichen Fähigkeiten, welcher uns mit seinen Lehren die Kunst des Heilens vermittelt. Damit können wir uns und anderen Menschen helfen, ein heileres und freieres Leben zu führen.

Dieses Reisetagebuch schreiben wir um Attilio und seine Lichtarbeit offenen Menschen zu vermitteln und Schülern sowie Interessenten der Lehre einen Einblick in die Reisen mit Attilio zu geben. Wir möchten dies als Zeitzeugen dokumentieren und eine Brücke für alle Leser bauen. Am Ende muss aber jeder selbst die Wahl treffen, ob er über diese Brücke gehen möchte. Die Freiheit eine Entscheidung zu treffen, ist auch eine Form der Spiritualität.

Alle, die mit Attilio verreisen, haben die Möglichkeit bei seinen Arbeiten (Aufbau von Lichtsäulen und Frequenzerhöhungen) dabei zu sein. Für die Schüler ist es eine gute Chance sich spirituell zu entwickeln.

Die Informationen - wann, wo und wie – für den Aufbau einer Lichtsäule erhält Attilio aus der geistigen Welt.

Bereits mehrere Male bereiste Attilio die Sinai-Halbinsel. Dies ist das erste Buch über seine **Sinai-Reisen,** sowie über sein historisches Wirken dort und an den zusätzlich besuchten Orten.

Alles begann für Attilio vor vielen Jahren auf dem Mosesberg. In diesem Jahr wird er den Gipfel zum siebten Mal besteigen.

Er kennt das Umfeld und weiß was wichtig ist, woran wir uns alle in den drei Wochen halten sollen, damit es uns gut geht, und wir viel Freude haben.

Das Hauptziel der Reise ist die Besteigung des Mosesberges (2.285 m). Dieser ist auch aus der Bibel bekannt und befindet sich auf der Sinai-Halbinsel.

Unsere Gruppe besteht aus acht Personen: Attilio (Sarde), sechs Schüler (drei Schweizer, eine Italienerin und zwei Deutsche) sowie einem jungen Mann aus der Schweiz, der seine Mutter begleitete.

Im Januar haben wir die Flüge und das Hotel in Dahab gebucht, unser Hauptsitz für die drei Wochen.

Dahab bedeutet ins Deutsche übersetzt Gold, benannt nach der wie Gold schimmernden, feinsandigen Küste. Es ist ein ehemaliges Fischerdorf im Süden der Sinai-Halbinsel. Heute ist es ein beliebter Urlaubsort, auch für Sporttaucher. Durch die zentrale Lage an der Ostküste des Sinai ist Dahab außerdem ein guter Ausgangspunkt für Ausflüge ins Landesinnere und an die Küste.

Biblische Orte wie der **Mosesberg** oder das Katharinenkloster sind nur wenige Autostunden von Dahab entfernt.

Von hier aus werden wir die Tages- oder Mehrtagesreisen unternehmen. Welche Ausflüge wir zusätzlich planen werden, dazu bekommen wir die Informationen später.

Vor unserem Abflug hat sich in der letzten Zeit die politische Lage in Ägypten stark zugespitzt. Von dem ein oder anderen Bekannten wurde die Reise daher kritisch gesehen.

Dies gipfelte darin, dass unsere Fluglinie auf Ihrer Internetseite verkündete, als erstes bis zum 15. September, und später bis zum 29. September keine Gäste nach Ägypten zu befördern. Auch wir sahen deshalb zeitweise unseren Abflug in Gefahr.

Umso mehr verstanden wir nun die Intention Attilios, gerade jetzt dieses Gebiet zu besuchen.

Attilio sagte uns im Vorfeld immer, dass bis zu unserer Reise alles gut sein wird. Wir vertrauen auf seine Weitsicht, also seine Sicht in die Zukunft.

Letztendlich fragten wir Attilio, ob wir bei einer anderen Gesellschaft neue Flüge buchen sollen. Seine Antwort war, wie schon zu Anfang - bis zu unserer Reise wird alles gut.

Und siehe da, es wurde gut - wir hätten uns gar keine Gedanken machen müssen.

Dies sollte man im Umgang mit Attilio lernen, seine Aussagen treffen immer zu. Überzeugt können wir sagen: Wenn ich Attilio sehe und höre, weiß ich, ich bin in Sicherheit, mir kann nichts passieren!

Wer ist Attilio?

Auszug aus der Beschreibung seiner Vita von der Homepage AUNDA *healing*:

„Attilio Ferrara, geboren 1950 in Sardinien, ist seit frühester Kindheit spirituell verbunden. Im Alter von 25 Jahren erhielt er durch eine tiefgreifende, spirituelle Erfahrung seine Lebensaufgabe.

„Als Botschafter und Heiler gibt er sein Wissen weltweit an Seminaren und auf seinen Reisen weiter. Der Kernpunkt seiner Botschaft, die bedingungslose Liebe zu leben, ermöglicht es jedem Menschen, sich auf allen Ebenen des spirituellen Wachstums zu entfalten. Seine klare, machtvolle Botschaft ist die Erkenntnis des universellen Wissens und ist unabhängig von allen Religionen. "

Um sein Wissen weiterzugeben, bildet er international Schüler zu Heilern aus und ermutigt diese weltweit eigenverantwortlich Lichtsäulen aufzubauen.

Attilio macht eine sehr weit greifende Lichtarbeit, die auf der Homepage von AUNDA *healing* einsehbar ist.

Das Reisetagebuch, in welchem wir unsere persönlichen Erfahrungen zusammengefasst haben, kann später Reisenden als Orientierung von Zeit und Orten dienen.

Es ist sehr schwer individuell erlebte Gefühle, welche uns in verschiedenen Situationen dieser Reise durchflutet haben, zu beschreiben oder mitzuteilen. Unsere laienhafte Beschreibung von Menschen und Orten werden oft der Situation nicht gerecht.

Während unseres Urlaubs stießen wir öfter an unsere eigenen Grenzen – gut so – denn bekanntlich erweitert man dadurch sein persönliches Denken, lernt Neues und Interessantes kennen. Beruhigend ist, dass man immer - sofern man es möchte - bei unklaren Situationen Hilfestellungen aus der Gruppe oder direkt durch Attilio erfährt.

Attilio Ferrara

1. Tag, Donnerstag - Ankunft

Endlich ist der lang ersehnte Tag da. Abflug vom Flughafen München um 11:10 Uhr, also einchecken ab ca. 09:10 Uhr.

Attilio und Camelia sind schon in München und werden von Stefan abgeholt. Wir treffen uns um 9:00 Uhr zu viert im Hauptbahnhof München, um mit der S-Bahn zum Flughafen zu fahren.

Anni erinnert sich: *Attilio trug sein Horustuch (mit der Frequenz der Horusenergie) um den Hals gebunden. Das ist bei jeder Reise, bei jedem Ausflug der Fall.*

Attilio sagte uns wiederholt, wir sollen nicht viel mitnehmen. Die Fluggesellschaft stimmt dem zu und lässt nur eine bestimmte Anzahl Kilos zu. Trotzdem sind wir schwer beladen und bepackt. Klar, wenn man für 3 Wochen verreist, braucht man unbedingt den „halben Haushalt".

Da wir schon vorher online eingecheckt hatten (danke dafür der Frau von Stefan), lief am Flughafen alles schnell und reibungslos, bis Anni kontrolliert wurde.

Anni: *Der kleine A-Excalibur-Stab ist mein Wegbegleiter, den habe ich immer bei mir. Leider hatte ich vergessen, ihn aus meiner Tasche in den Koffer zu packen. Also piepst es, und ich muss ihnen zeigen und erklären, was es ist.*

*Als ich sagte, das ist ein magnetischer **Heilstab**, wurde ich sofort durchgewunken. Innerlich musste ich grinsen. Wäre interessant zu wissen, was sich der Zöllner dabei dachte.*

Aber die Aufregung hat mich doch hektisch werden lassen, und so haben sich meine Halskette und das Band meiner Brusttasche verheddert. Fertig war die kleine Katastrophe. Als ich dann von

Camelia, mit ruhiger Hand, Hilfe bekommen habe, konnte ich mich endlich auch entspannen.

Später kam dann der Schweizer Teil unserer Gruppe (vier Teilnehmer) dazu. Wir kannten nur eine Kollegin aus einem früheren Seminar, die anderen werden wir nun im Urlaub kennenlernen.

Am Flughafen erklärte uns Attilio, um was es bei dieser Reise geht: „Mehr Göttlichkeit leben". Was dies genau für ihn und für uns bedeutet, würde sich noch zeigen. Das Verhältnis zwischen Menschlichkeit und Göttlichkeit drehe sich nun um. Auch in Kairo wird es wichtige Informationen zur Geschichte geben.

Der Flug war sehr angenehm und ohne Turbulenzen. Im Flugzeug wurden wir informiert, dass es sehr warm sein wird, und wir für den Flug nur 2:45 Stunden benötigen werden.

Die Flugroute führte uns über die Alpen an der kroatischen Küste entlang, über die griechischen Inseln, weiter bis zum Festland Ägyptens / Alexandria.

Für uns war der Überflug der Wüstengegend noch ein besonderes Erlebnis. Anni hatte bis jetzt noch nie eine Wüste gesehen und aus dem Flugzeug war das schon sehr malerisch, einfach wunderschön.

Da wir in Hurghada einen nicht geplanten Zwischenstopp einlegen mussten, waren wir sehr froh, dass wir mit demselben Flugzeug weiter fliegen konnten. Vorher gab es noch eine Handgepäckkontrolle um auszuschließen, dass jemand eine Bombe im Flugzeug hinterlässt.

Um 15:10 baute Attilio über dem Tower von Hurghada eine sehr mächtige Lichtsäule, mit ca. 1 Million Boviseinheiten (BE) auf. Diese Lichtsäule ist für alle da, und wie wir verstanden haben, lässt sie geschehen, d. h. was der einzelne Mensch benötigt, bekommt er.

Dies ist bei allen Flughäfen der Fall, welche Attilio bereist. Die Lichtsäulen sind ca. 1 Million BE stark, die Boviseinheiten schwanken, gehen rauf und runter, nach dem aktuellen Bedarf der Menschen.

Die Boviseinheit (BE) benannt nach dem französischen Physiker Alfred Bovis (1871-1947), ist eine Schwingungsfrequenz, die Maßeinheit für Energie, gemessen mit einem Pendel oder einer Einhandrute. Sie ist ein radiästhetischer Wert, der zum Ausdruck bringt, wie hoch der Energiewert, von Substanzen, Organismen und Örtlichkeiten ist.

Beim Aufbau einer Lichtsäule wirbeln die Moleküle in der Luft und formen sich zu einer Säule zwischen Himmel und Erde. Mit einem entspannten Blick kann man den Wirbel auch mit freiem Auge sehen. In diesen Lichtsäulen sind Wünsche enthalten. Die Wünsche können für den Menschen und für die Natur sein. Am Ende werden die Menschen die Natur besser verstehen und mit ihr im Einklang leben.

In Sharm-el-Sheikh (der nächste Flughafen zu Dahab) angekommen, waren wir froh, dass unsere Koffer alle da waren. Attilio und Stefan wussten, dass wir im Flughafen das Einreisevisum erledigen können, so haben wir das nach den üblichen Formalitäten auch schnell erledigt.

Jetzt waren wir so weit, dass wir abgeholt werden konnten, um zu unserem Endziel Dahab ins Hotel zu kommen – es waren noch knapp 90 Kilometer, d. h. ca. 1 ½ Stunden zu fahren.

Da stehen wir nun draußen vor dem Flughafen und keiner weit und breit. Bei Stefans Anruf im Hotel wird ihm mitgeteilt, der Fahrer sei bereits unterwegs. Also warten wir brav am Flughafen, laut dem Motto „immer in der Mitte bleiben und die Ruhe bewahren". Daran werden wir uns wohl gewöhnen müssen - ein guter Einstieg.

Hier in Ägypten ist es sehr heiß - andere Temperaturen im Oktober, als bei uns zuhause.

Irgendwann kam tatsächlich ein freundlicher Araber, im landestypischen Kaftan, von weitem schon erkennbar an dem farblich gekennzeichneten Hotel-Schild. Schnell konnten wir unser Gepäck in den Minibus einladen und losfahren.

Die Fahrt ging über eine Schnellstraße, auf welcher man lange Zeit das Gefühl hatte, ganz allein auf dieser Straße zu sein. Das kann man sich in Europa gar nicht vorstellen.

Dann der erste Kontrollpunkt, mit Soldaten, die ihre Gewehre in der Hand halten, oder sie sogar auf Dich richten. Wir konnten ohne Probleme passieren. Trotzdem war das ein komisches Gefühl, an das wir uns noch gewöhnen werden.

Auf der gesamten Fahrt sahen wir auf beiden Seiten der Schnellstraße Berge, imposante Gebirgsketten, braun, malerisch. Ungewöhnlich nur, dass fast keine Vegetation zu sehen war, kein Grün, wie wir es bei uns in Mitteleuropa kennen. Einige von uns fanden das sehr beruhigend.

Plötzlich die Überraschung: Bereits um ca. 18:00 Uhr wird es sehr schnell düster und anschließend sofort dunkel. Es war kaum Übergang zwischen Dämmerung und Dunkelheit erkennbar.

Im Hotel in Dahab wurden wir an der Rezeption mit leckerem kalten Tee empfangen.

Dort warteten bereits einige junge Männer, die uns anschließend mit den Koffern behilflich waren.

Die für uns reservierten Zimmer waren alle im ersten Stock, mit Blick auf das Meer. So konnten wir den beeindruckenden Sonnenaufgang direkt vom Balkon beobachten und auch fotografieren.

Das Programm für den Abend war schnell gefunden. Jeder sollte sich frisch machen, danach wollten wir uns zum Abendessen treffen. Wir hatten alle großen Hunger. Eine Kollegin sagte lachend, sie wird „grantig", wenn sie Hunger hat.

Sonnenaufgang in Dahab

Korallenriff am Hausstrand

Wir wollten natürlich nicht erfahren, wie sie ist, wenn sie „grantig" ist.

Vorab hatten wir beschlossen, dass jeweils vier Personen eine Gemeinschaftskasse bilden, damit es beim Einkaufen von Obst, Begleichen des Abendessens und Buchen der Ausflüge leichter zu handhaben ist. Unsere Euro-Scheine konnten wir mit wenig Aufwand an einem Automaten in der Nähe wechseln. Die Währung im Sinai ist das Ägyptische Pfund (LE). Grob gerechnet ist 1 € ca. 10 LE wert.

Attilio und Stefan kannten den Weg in ein sehr gutes Fischrestaurant. Sie wussten auch, dass man im Restaurant keinen Wein zum Essen bestellen kann. Aber wenn man ihn mitbringt, darf man ihn im Lokal zum Essen genießen. Für uns Europäer gehört zum guten Dinner, auch mal ein guter Tropfen, erst recht im Urlaub.

Also sind wir zuvor in einen so genannten „Liquid Shop" gegangen, dort kauften wir einen guten Wein. Anschließend hieß es verhandeln, so dass der Preis sowohl für den Verkäufer, als auch für uns in Ordnung war.

Da Attilio als Fischkenner und Feinschmecker bekannt ist, freuten wir uns sehr auf unser erstes gemeinsames Abendessen. Attilio selbst kocht sehr gut und fordert uns immer dazu auf, gut und gesund zu essen. Er bevorzugt Fisch, Gemüse, Salate und Pasta. Kochen ist seine Leidenschaft und geht ihm leicht von der Hand. Tatsächlich macht er das so gekonnt, dass die Vorbereitung nicht lange dauert, das Kochen nicht nach Arbeit aussieht, und trotzdem alles sehr gut schmeckt.

Beim Lokal Aladdin angekommen, sahen wir vor dem Eingang ein kleines Aquarium, in dem sich Fische tummelten und einen Tisch, auf dem rohe Fische angerichtet waren. Dort konnte man sich seinen Fisch aussuchen und den Preis aushandeln.

Für das Aushandeln des Preises unserer Abendessen waren die Herren zuständig. Attilio hatte den besten Fisch (Red Snapper, Mondfisch) ausgesucht und den Preis ausgehandelt. Jetzt war unser Abendessen greifbar nahe. Da alles frisch zubereitet wird, mussten wir noch einige Zeit warten.

Mit exotischen Vorspeisen wurde uns das Warten angenehmer gemacht. Es gab die runden Fladenbrote, luftig gefüllt, dazu leckere Aufstriche aus Auberginen, Kichererbsen, Gemüse, usw. Der erste Hunger war bereits gestillt – aber das Beste kam noch.

Als wir die großen Platten mit mehreren Sorten Fisch gesehen haben, wurden unsere Augen immer größer. Dazu bekamen wir gegrilltes Gemüse. Nun waren alle zufrieden, einschließlich der Kollegin, die bei Hunger „grantig" wird.

Fischplatte

Leider ist die Qualität des Fotos unzureichend, umso besser war, was auf der Platte zu sehen ist. Stefan hat uns mit seinem Können beim Tranchieren der Fische verblüfft. Man sah, dass er schon einige Reisen mit Attilio hinter sich hat.

Das ganze Abendessen war ein Erlebnis. Alles hat sehr gut geschmeckt, die Kellner waren aufmerksam und bemüht uns jeden Wunsch von den Augen ab zu lesen. Wenn Katzen kamen, wurden diese von den Kellnern, welche sogar unter den Tisch gekrabbelt sind, mit Wasserspritzern verjagt.

Jemand dachte eine Katze hätte ihn „markiert", als er das Wasser gespürt hat. Damit erntete er natürlich den Lacher des Abends.

Ein Kollege ist ein hervorragender Stimmimitator und besitzt zusätzlich sehr viel Humor. Mit teilweise erfundenen Wörtern imitierte er verschiedene Sprachen, unter anderem Russisch. Obwohl völlig inhaltslos, amüsierten wir uns köstlich über den perfekten Klang der jeweiligen Sprache. Anders verhielt es sich mit dem Bayrischen. Das hat er gesprochen und gesungen, als ob er ein Bayer wäre. Jedenfalls hatten wir sehr viel Spaß mit ihm. Das sollte auch die ganze Reise so bleiben.

Als Abschluss des Abendessens wurde türkischer Kaffee, verschiedene Tees und für den jungen Mann in der Gruppe eine Shisha serviert, deren leichter Apfelgeruch sehr angenehm war. Beim türkischen Kaffee haben wir uns bemüht den Kaffeesatz zu deuten. Manche haben sich dabei sehr hervorgetan, und es wurde viel gelacht. Unsere Müdigkeit von der Anreise war verflogen.

Dieser erste Tag war der perfekte Einstieg für den weiteren Urlaub. Wir lernten uns alle besser kennen. Schnell war klar, das wird unter anderem eine sehr lustige Zeit.

Auf dem Nachhauseweg haben wir uns den Ort, die Lokale und die Bazare näher angesehen.

Alles schien sehr leer, da neben uns keine weiteren Touristen zu sehen waren. Wir vermuteten die bereits erwähnten politischen Unruhen in Ägypten dahinter. Das bedeutet für die Verkäufer, dass ihre Einnahmen weg brechen. Die Konsequenzen für die Familien daraus kann man sich selbst als Reisender vorstellen. Man wurde sehr häufig angesprochen und zum Kaufen aufgefordert, ja sogar bedrängt, dies konnte sehr lästig sein.

Da einige von der Anreise müde waren und unsere Koffer auch ausgepackt werden mussten, gingen die meisten auf ihr Zimmer. Attilio und Stefan saßen noch kurz auf der Terrasse, hörten gute Musik und bestaunten den einmaligen klaren Sternenhimmel. Sogar die Hunde jaulten zur Musik, wie Attilio und Stefan am nächsten Tag meinten.

2. Tag, Freitag - Dahab

Zum reichhaltigen Frühstücksbuffet haben wir uns wieder alle getroffen. Ein Angestellter des Hotels bereitete uns auf Wunsch sogar unterschiedlich belegte Omeletten zu. Anschließend sind wir gemeinsam einkaufen gegangen.

Attilio hat uns von Anfang an darauf hingewiesen, vor dem Kaufen immer zu handeln.

Anni wollte ein Paar Strandschuhe kaufen, diese sollten anfangs 140 LE kosten. Die Männer haben den Preis auf 35 LE runtergehandelt. Wir waren verblüfft. Noch verblüffter waren wir, als wir im Hotel bemerkten, dass es andere Schuhe waren als die, die Anni anprobiert hatte. Diese waren nicht neu und es waren zwei unterschiedliche Schuhe. Also hat der Verkäufer für den niedrigeren Preis einfach falsche Schuhe eingepackt.

Hieraus kann man zweierlei Erkenntnisse ziehen: Will man etwas kaufen, muss man immer den Preis aushandeln, und bevor man den Laden verlässt, immer die Ware überprüfen.

Nach diesem seltsamen Erlebnis sind wir unser Mittagessen kaufen gegangen: Granatäpfel, Riesenmangos und Melonen.

In dem Laden haben wir Zuckerrohr entdeckt, und der Verkäufer mixte uns einen Saft aus Zuckerrohr und Limonen. Das war sehr lecker, da braucht man wirklich kein Mittagessen mehr.

Anni schwärmt jetzt noch: *Wenn ich daran denke, spüre ich heute noch die Konsistenz und die leichte Süße des Saftes, einfach köstlich.*

Nach dem Einkauf machten wir alle zusammen einen Spaziergang am Meer, zur Spitze der Insel. Das ist eine Stelle, die Attilio bei stärkerem Wind sehr liebt, da die Strömung hier nicht so stark ist, und man die Fische beim Schnorcheln sehr gut beobachten kann.

Unser Schattenspender

Beduinen haben hier überdachte kleine Erholungsplätze gebaut, an welchen sie die Touristen mit Beduinentee, Kaffee und verschiedenen Obstsäften versorgen.

Da es weit und breit keine andere Möglichkeit gibt, ist diese Versorgung eine willkommene Gelegenheit sowohl für die

Touristen, sich zu erfrischen, als auch für die Beduinen etwas Geld zusätzlich zu verdienen.

Die Beduinen begrüßen uns mit einem Beduinentee, den sie auch so nennen und der angeblich sehr gut für den Magen ist.

Auf dem Weg zur Spitze haben wir am Strand schöne große Muscheln gefunden. Mit diesen wollten wir Attilio überraschen, aber er hatte mehr und noch schönere gefunden.

Attilio kann man mit Muscheln hier nicht überraschen, er weiß wo sie zu finden sind. Er sagte ganz traurig, die Einheimischen haben hier ein „Massaker" unter den Muscheln veranstaltet.

Auf diesem schönen Strand haben wir dann unser Mittagessen zu uns genommen – so mag es Attilio. Er sagt, bei dieser Hitze ist es am Mittag am besten nur Obst zu essen, damit der Körper nicht träge wird.

Jemand hat Oliven und Melonen in den Sand fallen lassen und sagte lachend, das sind jetzt panierte Oliven und Melonen. Schön, statt sich zu ärgern, lieber lachen. Unser Beduine hat es gemerkt, ist sehr hilfsbereit gekommen und hat alles gereinigt.

Am Abend waren wir wieder gemeinsam beim Abendessen. Heute durfte Anni neben Attilio sitzen. Wir hatten vereinbart, dass wir jeden Tag die Plätze tauschen, damit jeder auch mal im Energiefeld von Attilio sitzen kann.

Das heutige Abendessen war wieder hervorragend.

Danach sind wir noch auf die Terrasse des Hotels am Meeresufer gegangen. Stefan hatte gute Musik dabei. Wir konnten nun singen und tanzen nach Herzenslust. Auch Attilio und Camelia tanzen gerne. Uns fällt auf, wie glücklich Attilio dabei ist. So fühlt sich Urlaub gut an, was kann man sich mehr wünschen!?

Anni erinnert sich: *Bevor ich auf der Terrasse angekommen bin, hatte Attilio Stefan erklärt, wo sich am Himmel der Stern befindet, woher die Plejadier (das geistige Volk von Attilio) kommen. Als Stefan mir es anschließend mitteilen wollte, konnte ich ihm schon vorher das Siebengestirn zeigen, obwohl ich es bewusst nicht wusste. Dabei spürte ich einen Knoten im Hals. Es war ein seltsames Gefühl, ich hätte vor Rührung heulen können.*

3. Tag, Samstag - Unser Wunder, die gekühlten Getränke

Nach dem gemeinsamen Frühstück sind wir kurz zum Einkaufen und Geldwechseln gegangen.

Da die Banken wegen der Feiertage geschlossen hatten, mussten wir am Geldautomaten unser Bargeld wechseln. Unser Automat nahm 50 und 100 EURO-Scheine an.

Seeadler am Hotelpool

Vor dem Frühstück erinnert sich Stefan: *Ich konnte für längere Zeit am Pool einen großen Seeadler auf einem Turm in der Nähe des Hotels beobachten. Ein Jahr zuvor näherten wir uns ihm. Vorab beruhigte ihn Attilio und wir konnten sogar seine Augen und die Pupillen sehen. Ein nicht beschreibbares Gefühl ihm so nahe sein zu dürfen. Ich begleitete den Greifvogel noch eine Zeit lang am Hotelstrand, wie er immer wieder im seichten Wasser landete und nach Beutefischen Ausschau hielt.*

Nach dem Frühstück sind Attilio und Stefan ins Reisebüro gegangen, um für morgen einen Ausflug zu organisieren. Sie haben einen guten Preis ausgehandelt und waren schnell wieder da.

Stefan: *Von Attilio kann ich viel lernen, dachte ich mir, nach den sehr erfolgreichen Verhandlungen. Darauf meinte Attilio noch augenzwinkernd, dass er aber natürlich kein Beduine sei. Wir mussten alle schmunzeln, nachdem wir ihn uns als Beduinenprinz vorstellten, eingehüllt in einen schicken Kaftan und Turban aus 1000 und eine Nacht.*

Anschließend verbrachten wir einen gemeinsamen Strandtag. Wir waren noch mal an der Spitze der Insel. Ein streunender Hund, welcher am ersten Abend auf der Terrasse mit heulte, hat uns begleitet und blieb den ganzen Tag bei uns liegen. Wir dachten, er geht irgendwann weg, wenn er Hunger oder Durst hat. Nein, er blieb den Tag über bei uns. Da wir nur Obst dabei hatten, konnten wir ihm leider nichts anbieten.

Später sind die Männer zum Austernsuchen gegangen. Attilio kannte die entsprechenden Orte. Tatsächlich, sie haben viele Austern gefunden. Attilio hat sie mit einer meditativen Geduld ausgeschabt und uns abwechselnd zu essen gegeben. Wir haben seine Geduld und Ausdauer bewundert, aber er sagte, dass das besser als eine Meditation sei. Austern lassen sich mit dem Taschenmesser an der weichsten Stelle eindrücken, danach muss man versuchen den Deckel zu öffnen. Vorsicht ist geboten, da das Messer abrutschen kann.

Attilio hatte selbstverständlich auch Limonen dabei. Wirklich eine köstliche Mahlzeit.

Etwas später aßen wir noch Granatäpfel und Melonen. So lässt es sich im Urlaub gut leben.

Auf dem Nachhauseweg haben wir im Gehweg der Promenade eine Welle entdeckt, auf der wir nacheinander aufgereiht marschierten.

Attilio hatte so gute Laune, dass er irgendwann meinte „und nun rückwärts". Alle liefen rückwärts auf der Welle. Wir waren ausgelassen, wie die Kinder. Es ist schön, wenn sich alle so gut fühlen, wenn viel gelacht wird, und alle Spaß haben.

Neben der ernsten Arbeit, die wir generell leisten, ist es wundervoll und erfreulich die ganze Gruppe so herzhaft lachen zu hören.

Beim Abendessen handelte Attilio wieder einen guten Preis für uns aus. Diesmal hatten wir Langusten und zwei Sorten Fisch, mit leckerem Gemüse und Pommes.

Nachdem wir nun gut gesättigt waren, ging das Gelächter erneut los. Attilio hat „mitgemacht" und uns zeitweise sogar übertroffen.

Mit einem wohltuenden Spaziergang machten wir uns auf den Weg, um auf der Terrasse den Abend ausklingen zu lassen. Über uns der klare Sternenhimmel, in unseren Ohren das Rauschen des Wassers, da die Wellen sehr groß waren. Ab und zu passierte es, dass einer von uns Sternschnuppen sah. Dann freuten wir uns alle für denjenigen.

Heute sind wir Zeugen von einem kleinen **Wunder** geworden. Attilio sagte, er wünscht, dass das Getränk im Becher kalt sein sollte. Und siehe da, sobald es aus der Flasche in den Plastikbecher geschüttet wurde, wurde das Getränk immer kälter, obwohl wir die Plastikbecher in den Händen hielten und die Luft sehr warm war. Das war spürbar für alle. Es war sogar so, dass der Becher bis zur Höhe des Getränkes kalt war, aber weiter oben, wo der Becher leer war, von der Kälte nichts zu spüren war.

Wenn etwas zufällig ausgeschüttet wurde, war es fühlbar kalt und blieb auch so.

Auf die Frage, wer dafür verantwortlich wäre, meinte Attilio, er wisse es nicht, vielleicht er selber.

Da unser „DJ" Stefan erneut für gute Musik gesorgt hatte, waren wir bald alle zum Tanzen aufgelegt. Die Terrasse liegt direkt am Meeresufer, so stört die Musik niemanden im Hotel. Darum können wir ganz gelassen immer bis spät in die Nacht diese Atmosphäre genießen, den Himmel beobachten und uns an Sternschnuppen erfreuen.

4. Tag, Sonntag - White Canyon

Für heute ist der erste Tagesausflug geplant, eine Fahrt quer durch die Wüste zum White Canyon, diesen wollen wir zu Fuß durchqueren. Ein weiterer Höhepunkt des Tages wird das Mittagessen bei einer Beduinenfamilie in der Oase sein.

Um 9:00 Uhr trafen wir uns alle beim Abfahrtsort. Ein Ägypter aus Kairo und ein Beduine holen uns mit einem Jeepbus ab. Auf beiden Seiten des Fahrzeugs gibt es jeweils eine Bank, durchgängig von vorne bis hinten. Seltsamerweise sitzen am Ende vier Frauen rechts und vier Männer links.

Der Beduine war unser Fahrer, der uns zum Canyon bringen wird. Der Ägypter aus Kairo war unser Reiseleiter, der gut Englisch sprach.

Eine schöne, leere Straße und plötzlich aus dem Nichts ein Kontrollpunkt. Unsere Pässe werden überprüft, aber alles läuft sehr harmonisch und ruhig ab. Man hatte das Gefühl, sie kennen sich alle und wollen nur unsere Pässe sehen.

Anni erinnert sich: *Auf der Weiterfahrt durch die Wüste voller Dünen wurde es mir sehr schlecht, Schweißausbruch und der Magen rebellierte. Das kenne ich von anderen Fahrten, seit meiner Kindheit. Wenn ich vorne sitze, geht es, ansonsten wird es mir übel. Angeblich hat das mit meinem Gleichgewichtssystem zu tun. Die Kollegen merken es und Attilio macht bei mir einen Chakrenausgleich und behandelt meinen Magen. Mir ist es viel besser geworden und **alle** haben die Abkühlung der Luft im Wagen gespürt. Dies passiert immer, wenn Attilio seine göttlichen Fähigkeiten anwendet. **Danke Attilio!***

Inzwischen hatten wir ohne weitere Zwischenfälle eine neue Kontrollstelle passiert.

Mit einer kurzen wilden Fahrt ging es weiter durch die Wüste, bis zum Einstieg in den Canyon. Ein ganz klarer blauer Himmel empfing uns, und die Sonne strahlte. Beim Einstieg war es sehr kalt, dies sollte sich aber schnell ändern.

Von unserem Fahrer, der es sich beim Eingang gemütlich machte, wurden wir beobachtet, wie wir uns in den Canyon abseilten. Das hieß, jeder musste sich durch einen Felsspalt mit Hilfe von zwei Seilen und dann einer sechs Meter langen Leiter abseilen. Es war ein weiter Weg nach unten.

Unten angekommen wanderten wir durch den Canyon, in feinem Sand. Seitlich standen die fast weißen Felswände (daher vermutlich auch der Name) sehr nahe aneinander und ragten in den Himmel hoch. Man konnte das Ende nicht immer sehen. Die verschiedenen Auswölbungen und zarte Farbnuancen ergeben in den Wänden Muster, ähnlich vielen Gemälden nebeneinander.

Hier bemerkten wir, wie wichtig es ist, auch in der Wüste feste Schuhe zu tragen. Anders unser Reiseleiter Mohammed, der zu Beginn „Christuslatschen" trug, aber auch diese auszog und barfuß im feinen Sand weiter marschierte.

Der Weg führte uns weiter über Felssteine und feinem Sand. Hier konnten wir einige Skarabäen sehen.

Inzwischen hatte Mohammed Anni den Rucksack abgenommen, denn der Weg führte über Stufen und Spalten mit unterschiedlichen Höhen und Breiten. Nicht nur Anni wurde liebevoll unterstützt, beim Springen und Hüpfen unterstützte Mohammed alle Teilnehmer.

Weiter ging es in dem feinen Sand, rechts und links die hohen Felswände, ein richtig beeindruckender Ort mitten in der Wüste. Plötzlich spürten wir ein Kitzeln auf der Haut, einen sanften Sandregen. Da hörten wir einen Hubschrauber kreisen, laut Mohammed ungewöhnlich.

Jeder äußerte seine Vermutung, weshalb dieser hier war. Hierbei wurde natürlich wieder viel gealbert und gelacht, und so vergaßen wir die Schwierigkeit des Wanderns.

Mohammed erklärte uns, dass aus dem feinen Sand Keramik hergestellt wird. Später erreichten wir noch eine Stelle an der Eisen vorhanden war.

An einer anderen Stelle waren Steine aufeinander geschlichtet, so dass sie wie kleine Männchen aussahen. Das kennen wir auch aus Europa, entlang von Flüssen.

Links am Wegrand sahen wir plötzlich einen großen Busch mit gelben Blumen. Attilio erklärte uns, dass das Blühen zurzeit ungewöhnlich wäre, denn in der Regel blühen die Büsche in der Wüste erst nach dem Regen.

Später kamen wir an eine Stelle, an der es nicht weiterging. Mohammed scherzte: „Wer kann und will fliegen?" Schnell löste er die Situation auf.

Der Weg führte hier durch einen Spalt in der Wand nach oben. Oben angekommen ging der Weg nur noch nach unten weiter. Welch eine Erleichterung für manche von uns!

White Canyon

Oasenausläufer

Um in Verbindung mit der Erde zu treten und auf Tuchfühlung mit dem Sand zu gehen, legten sich einige Teilnehmer auf den Rücken. Dann bewegten sie die Arme hin und her. Im feinen Sand waren Abdrücke von Engeln mit ausgebreiteten Flügeln zu sehen. Dies führte zu vielen humorvollen Kommentaren, die gar kein Ende mehr nahmen.

Die Pärchen unter uns zeichneten sich mit dem farbigen Sand gegenseitig einen Punkt auf die Stirn, wie in Indien (dort bedeutet es ein Versprechen). Das wurde mit einem Kuss besiegelt.

Irgendwann entdeckten wir eine andere Farbe im Fels. Laut Mohammed Granit, den sie in der Stadt auch heute noch zum Häuserbauen verwenden. Im Unterschied zu früher, als die Granitstücke so geschliffen wurden, dass die Stücke ineinander verzahnt waren, wird heute für die Verbindung der Stücke Zement verwendet.

Der Weg führte uns nun hinaus aus dem Canyon. Dort waren seitlich keine Felswände mehr.

Plötzlich tat sich eine ganz andere Welt vor uns auf – eine Oase, mit Palmen, schattigen, abgedeckten Stellen, Menschen, Kamelen, Schafen, eine größere Hütte, die seitlich nur ganz niedrige Wände hatte. Hier sollten wir unser Beduinen-Mittagessen bekommen.

Inzwischen war auch unser Fahrer, der Beduine wieder da, der sich hier zu Hause fühlte.

Er setzte sich ans obere Ende des „Tisches" in viele Kissen, man konnte sofort erkennen, er war hier der Boss. Auch Mohammed bestätigte uns, der Beduine ist sein Boss.

Der Empfang mit speziellem Tee ist Pflicht bei Beduinen. Wir haben kein Rezept bekommen, aber irgendwann haben wir ein Stückchen Salbei in einem Teeglas gefunden, Kräuter sind also in jedem Fall enthalten.

Unser Mittagessen bestand aus Reis mit kleinen braunen Nudeln, einer Gemüseplatte, Salat, danach noch Orangen und Äpfel.

Stefan durfte eine Melone, die Attilio mitgebracht hatte, in dünnen Scheiben an alle verteilen, auch unseren Gastgebern und deren Kinder. Am Ende bekamen wir noch den obligatorischen Tee.

Wir konnten einen Jungen beobachten, wie dieser barfuß auf eine Palme geklettert ist und einen großen Dattelzweig mit vielen kleinen hellbraunen Datteln abgeschnitten hat.

Nach dem Mittagessen haben wir unter den Kindern ein paar Kugelschreiber verteilt.

Anschließend besuchten wir eine Höhle, hier floss aus einer Quelle lauwarmes Wasser – das mitten in der Wüste! Jetzt war auch das Rätsel der Oase gelöst, und wir wussten, weshalb hier Palmen wuchsen.

Danach gingen wir zur Aussichtsplattform. Von hier konnte man die ganze Oase einsehen, die Hütten, die Menschen und die Tiere (Kamele, Schafe, Ziegen). Der Eigentümer - unser Fahrer - schien sehr stolz zu sein.

Attilio zeigte uns von der Aussichtsplattform die Stelle in der Wüste, an der er vor vielen Jahren mit einer Gruppe Schüler in Schlafsäcken übernachtet hatte.

Auf unserem weiteren Weg konnten wir von einer anderen Aussichtstelle, weit am Horizont ein ganzes Beduinendorf erkennen.

Eine rasante Fahrt durch die Dünen der Wüste führte uns zu einer Steinformation, die wie ein riesig großer Pilz aussah, ganz allein stehend. Dort haben wir viele Fotos geschossen.

Der Beduine hat für Anni (die älteste in der Gruppe), inzwischen 10 Kamele, Schafe und eine Insel geboten. Leider hatten hier einige aus der Gruppe statt Insel Esel verstanden – Anni besteht in der Erzählung weiter auf die Insel, weil es ihr so besser gefällt. Das war eine Gaudi, wir konnten gar nicht aufhören zu lachen.

Mohammed hatte eine Frau dabei, wie er sagte, die Frau seines Freundes, eine Russin. Er erklärte uns, wie sein Freund auf Mohammeds Frau aufgepasst hat, als er längere Zeit verreist war. Jetzt ist sein Freund verreist und er passt auf dessen

Frau auf. Ganz stolz hat er uns erklärt, das ist ägyptische Männerfreundschaft.

Die Weiterfahrt war für manche ein Spaß. Dem Fahrer selber hat es wahrscheinlich am meisten Spaß gemacht. Das war ein Rallyefahren durch die Wüste, auf die Dünen hoch und fliegend auf der anderen Seite wieder runter. Man sah gar nicht, wo man landet, aber die Beduinen kennen die Wüste wie ihre Westentasche. Ein extremes Erlebnis.

Anni musste im Jeep nochmals von Attilio behandelt werden. Sie wurde sehr müde, doch sie wusste, sie darf nicht einschlafen. Sie hielt sich an der Halterung am Dach fest. Als Attilio fragte „ Anni, wie geht es Dir?" antwortete sie nur mit einem brummigen Knurren. Daran wird sie Attilio im Laufe des Urlaubes noch sehr oft erinnern, da auch diese Szene in den neuen Tanz (den Attilio erfunden hat) eingearbeitet wird.

Stefan erwies sich an diesem Tag als eine große Hilfe für Anni, er war sehr aufmerksam und hatte sie auch mit Energie versorgt.

Am Ende sind wir noch zu einem Obstmarkt in Assala gefahren, dort kauften wir Obst, Granatäpfel, leckere Mangos, Melonen und Orangen. Hier schmecken exotische Früchte einfach besser als zu Hause.

Anni: *Im Hotel angekommen, wollte ich nichts mehr heute, nur noch schlafen. Ich habe mich so staubig, voller Sand, hingelegt und 2 ½ Stunden geschlafen.*

Als ich am Abend allen mitteilen wollte, dass ich noch lebe und weiter schlafen möchte, wurde mir gut zugeredet, dass ich was essen muss. Ich habe eingesehen, ich sollte wirklich was essen, und habe mich dann doch für das Abendessen um 20:00 Uhr vorbereitet.

Heute wurde das Abendessen vom Hotel ausgerichtet, also mussten wir gar nicht weggehen.

Sie haben sich viel Mühe gegeben, der Tisch war aufwendig dekoriert und auch sehr reichhaltig gedeckt (Suppe, Fisch, Fleisch, Gemüse, Dessert).

Alle waren müde, der Tag in der Wüste war sehr lang und anstrengend.

Aber als der Barkeeper orientalische Musik auflegte, haben die Mädels ihre Bauchtanzkenntnisse gezeigt. Eine Kollegin kann das richtig gut.

Auch der Barkeeper hat uns Schritte vorgeführt - wirklich gekonnt!

Da wir heute sehr heftigen Wind hatten, hat Attilio nach dem Abendessen etwas unternommen.

Um ca. 22:30 Uhr zog Attilio eine energetische Wand gegen den kalten Wüstenwind auf. Damit ist der Temperaturunterschied zwischen Luft und Wasser nicht mehr so extrem und es entsteht weniger Wind.

Das wird übermorgen für unseren Aufstieg auf den Mosesberg gut sein.

5. Tag, Montag - Ruhetag

Heute ist für alle Ruhetag, denn für morgen ist der Aufstieg auf den Mosesberg geplant. Wir wissen, dass das sehr anstrengend wird – aber genau deshalb sind wir da, das ist unser Hauptziel für diese Reise.

Attilio und Camelia sind zur Spitze der Insel gegangen, auch wenn es ein langer Fußmarsch ist.

Anni erinnert sich: *Das Mittagessen mit Stefan war heute eine große Mango, je eine Guave und ein paar Datteln. Lecker!*

Endlich konnten wir mit Stefan unsere Aufzeichnungen lesen und auch besprechen. Wir haben festgestellt, wie wichtig es ist, ab und zu mal darüber zu sprechen. Wir müssen die Tage noch mal durchleuchten, sonst gehen Details verloren.

Attilio und Stefan hatten sich heute um die Organisation der Ausflüge gekümmert; auch um die Reise nach Kairo.

Hierfür noch mal herzlichen Dank für ihre gute Organisation und Ihr Verhandlungsgeschick. Wir konnten dadurch Geld sparen und mehr Ausflüge unternehmen, als ursprünglich zu Hause geplant.

Da wir morgen sehr früh losfahren wollen, mussten wir Lunchpakete bestellen, und wir werden heute etwas früher zum Abendessen gehen. Also Treffpunkt um 18:00 Uhr, eine Stunde früher als sonst.

Nach kleineren Unstimmigkeiten bezüglich der Zeit und des Ortes für unser Abendessen, war es heute ein außergewöhnlich lustiges Dinner.

Die Welt hat einen **neuen Tanz** bekommen.

Attilio hat das Verhalten der Teilnehmer, die nach der Rallye durch die Wüste alle etwas angeschlagen waren, in Figuren eines Tanzes verarbeitet. Er hat uns dabei so gut imitiert, dass wir uns alle wiedergefunden haben. Mit ulkigen Kommentaren haben wir uns gegenseitig hochgeschaukelt.

Natürlich wurde wieder viel gelacht.

Anni erinnert sich: *Heute hat Attilio vor der ganzen Gruppe Stefan für seinen Einsatz sehr gelobt.*

Zur Einstimmung für den morgigen Tag hat Attilio noch über seine Erlebnisse von anderen Reisen auf den Mosesberg berichtet. Diese Erzählungen waren immer sehr tiefgründig, wobei wir auch viel über Geschichte, Natur und Menschen erfahren haben.

Für morgen wollen wir uns beim Reisebüro um 7:00 Uhr treffen.

6. Tag, Dienstag - Mosesberg das 7. Mal

Heute ist der große Tag – unser Ausflug zum Mosesberg.

Stefan notiert in sein Tagebuch: *Welch biblischer Ort, was wird uns hier erwarten?*

Moses begegnete auf dem Berg Gott, welcher in einer Wolke hernieder kam. Moses fand hier sich selbst und seine Aufgabe als Botschafter Gottes, mit dem Auftrag sein Volk aus der ägyptischen Herrschaft zu befreien (brennender Dornbusch). Wie es der Zufall will, auch uns führt der Weg am Wochenende darauf nach Kairo und Memphis - der neuen und der alten ägyptischen Hauptstadt.

Draußen, die erste Überraschung, der Wind hatte sich tatsächlich gelegt, so wie es uns Attilio vorhergesagt hatte. Die von Attilio energetisch aufgebaute Wand hat sehr gut funktioniert.

Der Tag begann am sehr frühen Morgen mit dem Abholen unserer Lunchpakete – wunderschöne Papierkartons mit Henkel. Anni griff als erste zu – platsch – der liebevoll vorbereitete Inhalt verteilte sich auf den Boden. Gewarnt durch dieses Missgeschick, befestigen wir die Pakete unten und machen uns auf zum Reisebüro, um pünktlich um 7.00 Uhr am Treffpunkt zu sein.

Anni erinnert sich: *Bei unserer Ankunft im Reisebüro war ein junger Mann mit dem russischen Flaggensymbol auf dem T-Shirt. Als ich nachgefragt habe, ob er aus Russland kommt, stellte sich heraus, er war ein Einheimischer, aber zum russisch-orthodoxen Glauben konvertiert. Er ist nun ein Christ und darauf sehr stolz. Er zeigte begeistert sein Tattoo - ein Marienbild, dasselbe Bild, das ich als Anhänger trage. Meine Madonna ist von Attilio mit einer spezi-*

ellen Frequenz für mich versehen. Das habe ich ihm auch gezeigt. Später haben wir erfahren, dass es in Ägypten, den Christen erst seit einiger Zeit gesetzlich erlaubt ist, sich offen zu ihrem Glauben zu bekennen.

Unsere Fahrt, die um 7:20 Uhr startete, wurde bereits um 7:28 Uhr zum ersten Mal unterbrochen. Wir passierten eine Kontrollstelle. Unser Fahrer gab eine Liste mit unseren Namen und Passnummern ab.

Inzwischen haben wir uns an diese ständige Kontrolle gewöhnt. Die Soldaten sind uns wohl gesonnen und erledigen nur ihre Arbeit. Eigentlich dient dies auch zu unserer Sicherheit.

Weiter geht es bis zur nächsten Tankstelle. Vor uns sind nur zwei Autos, aber es dauert und dauert. Es scheint nur eine Zapfstelle zu funktionieren; es wird vorwärts und rückwärts rangiert, und ein größerer LKW blockiert eine Fahrspur.

Gefahren werden unterschiedlich wahrgenommen. Der junge Tankwart hielt in einer Hand die Zapfpistole, in der anderen eine brennende Zigarette. Bei uns wäre dies undenkbar.

Weiter ging die Fahrt durch die einmalige Felsen- und Wüstenlandschaft, und irgendwann sind wir beim Katharinenkloster angelangt. Die Straßen sind wirklich zu jeder Uhrzeit nahezu menschenleer.

Das Katharinenkloster ist am Fuße des Mosesberges. Hier gibt es eine Bar, an der man sich mit Getränke versorgen kann, allerdings - im Vergleich zum Supermarkt – zu höheren Preisen.

Anni: *Unsere Gruppe hat nun begonnen zu frühstücken. Da mein Lunchpaket auseinander gefallen war, musste ich jetzt mal Ordnung schaffen. Als ich etwas essen wollte, waren schon die Kinder da, die zu betteln begannen. So konnte ich nicht essen. Also habe ich das Essen wieder eingepackt, mit dem Gedanken, dass ich später was essen werde. Heute hatte ich noch nichts gegessen und mein Tag wird sehr anstrengend sein.*

Dann kam unser Reiseleiter, der mit uns den Mosesberg besteigen und den ganzen Tag verbringen wird. Auch dieser Ägypter trug einfache Flipflops, obwohl er mit uns den Berg erklimmen wird.

Das griechisch-orthodoxe Katharinenkloster und der Mosesberg sind miteinander verbunden. Von hier starten die Pilger zur Spitze des Berges, auf dem Moses die zehn Gebote von Gott erhalten hatte. Die Besichtigung des Klosters ist für die meisten Pilger Pflicht.

Der Legende zufolge soll hier der von Moses erwähnte brennende Dornbusch gestanden haben. Das brennende Feuer, eine andere Art des Feuers, welches den Dornbusch nicht verbrennt. Es zeigt eine andere Wirklichkeit und Wahrheit.

Attilio berichtete, dass die Blätter des Busches früher von Pilgern abgezwickt wurden, jetzt ist er mit einem Holzzaun geschützt und wieder schön groß.

Das Katharinenkloster ist eingerahmt von hohen und mächtigen Klostermauern. In der Basilika wollen wir die spezielle Frequenz erspüren. Leider konnten wir nur bis zur Hälfte des Hauptschiffs. Die zwei Stühle hinter der Absperrung, die Attilio vor Jahren bei seinem ersten Sinai Besuch, energetisch verändert hatte, konnten wir nicht näher betrachten, dennoch war die starke Energiefrequenz gut spürbar.

Die Hauptkapelle selbst besitzt unzählige, uralte Ikonen, viele goldfarbene Kronleuchter und Kostbarkeiten aus allen Herren Länder. Der Prunk in orthodoxen Kirchen soll den Himmel auf Erden versinnbildlichen. Auf das ganze Kloster bezogen spiegelt sich dies leider energetisch nicht wieder, wie Attilio uns erzählte.

Da es eine orthodoxe Kirche ist, wird sie auch von sehr vielen Gläubigen Russen besucht. Es gibt neben der Klosteranlage einige schlichte Zimmer für Pilger.

Nun ging es los zu den Kamelen, um den Preis auszuhandeln. Nachdem wir wie üblich um die Preise feilschten, sind wir zu dritt den ersten Teil des Mosesberges auf dem Kamel geritten. Stefan musste zwischenzeitlich das Kamel wechseln, da diese mit Nummern markiert sind und eine bestimmte Reihenfolge eingehalten werden muss. Die Kamele laufen von selbst, sie kennen den Weg.

Der Weg endet an der Stelle, an welcher die 750 Stufen zur Spitze des Mosesberges beginnen. Beim Abstieg sind es dann insgesamt 3500 Treppenstufen.

Anni: *Ich bin hier das erste Mal auf einem Kamel geritten. Erst jetzt habe ich verstanden, was mir früher immer erklärt wurde, wenn das Kamel aufsteht, soll ich mich sehr gut festhalten. Jetzt weiß ich, warum man mir das so oft gesagt hat. Klar, wenn das Kamel die hinteren Beine aufstellt, ist es in einer bemerkenswerten Schieflage. Man kann tatsächlich sehr leicht vom Kamel rutschen, wenn man sich nicht gut fest hält.*

Die anderen unserer Gruppe sind mit Attilio zu Fuß auf dem neuen Pfad der Pilger gewandert.

Attilio kennt den Weg sehr gut, denn er ist heute das 7-te Mal mit einer Gruppe von Schülern auf dem Mosesberg. Es ist kein leichter Weg, aber alle sind sehr tapfer. Für uns hat der Weg zum Gipfel auch einen spirituellen Hintergrund, es ist ein Symbol für den Weg des Menschen zu sich selbst. Der Rhythmus des Gehens, das bewusste tiefe Atmen erinnerten an eine Bergwallfahrt.

Anni erinnert sich: *Vom Kamelpfad konnte ich die anderen unserer Gruppe immer sehen. Irgendwann stoßen dann die zwei Wege zusammen.*

Gerade ist die Gruppe zu uns gestoßen, da merkte ich, dass es mir gar nicht gut geht. Erst wollte ich nichts sagen, aber ich hatte Angst vom Kamel zu fallen, wenn ich ohnmächtig werde. Das wollte ich nicht riskieren und habe den Kameltreiber gebeten, mir zu helfen vom Kamel (es hieß Abdullah) abzusteigen. Später sagte er mir, das kennt er, das passiert sehr oft - Kreislaufkollaps.

Klar, ich hatte nichts gegessen und es war inzwischen sehr heiß. Stefan ist schnell zu Attilio gelaufen und hat ihm Bescheid gegeben. Attilio hat mich dann energetisch unterstützt.

*Ich habe mich seitlich des Weges hingesetzt. Der junge Mann aus unserer Reisegruppe hat mich gestützt und ein feuchtes Tuch auf meinen Kopf gelegt. Das Tuch aus meinem Rucksack war „zufällig" feucht, denn es ist Wasser aus der Neptunflasche auf das Tuch ausgelaufen – Fakt ist, so war es sofort parat, als ich es gebraucht habe. Welch ein Glück für mich, dass wir zu dritt mit dem Kamel reiten wollten. Wie viel Hilfe ich an diesem Tag hatte. **Danke** allen, die mir geholfen haben.*

Nach einer kurzen Erholungspause habe ich mich entschieden wieder auf das Kamel aufzusteigen und bis zum Fuße der Treppen zu reiten. Ich wollte natürlich beim ganzen Aufstieg dabei sein. Wusste ich doch, Attilio ist da und hilft mir, wenn ich nicht weiter kann.

Natürlich habe ich dem Kameltreiber zusätzlich zum vereinbarten Preis noch ein Trinkgeld gegeben, weil er so hilfsbereit war, als es mir nicht gut ging.

Hinweis: Attilio hat uns alle energetisch unterstützt, wenn unser Körper es brauchte. Zum Beispiel wurde ein Kollege mit einer angehenden Erkältung über Nacht geheilt.

Die letzten 750 Stufen unterhalb des höchsten Punktes des Mosesberges, müssen alle zu Fuß bis zur Spitze gehen. Dort steht auch die Lichtsäule, besser gesagt Attilios Feuersäule.

Die Lichtsäule gibt allen Kraft, die den Mosesberg besteigen wollen.

Anni: *Auch dank dieser Lichtsäule hatte ich wahrscheinlich die Kraft, mich zu entscheiden, den Weg weiter zu gehen. Es wundert mich heute noch, dass ich noch einmal auf das Kamel aufgestiegen bin, mit dem Gedanken, dass ich die 750 Stufen zu Fuß hinauf gehe, anschließend die 3500 runter. Es ist als ob jemand anders für mich entschieden und mir anschließend geholfen hat.*

Den gesamten Anstieg hat man einen wunderschönen und beeindruckenden Rundblick auf die Täler und Berge der Gegend. Leider ist man mit den Stufen aus Natursteinen zu beschäftigt, um das alles richtig zu genießen.

Attilio zum 7.-mal auf dem Mosesberg

Elias Basin

An der Spitze angelangt, eröffnet sich allen ein herrlicher Ausblick, welchen man dann in aller Ruhe genießen kann. Es ist ein schönes Gefühl oben angelangt zu sein.

Anni erinnert sich: *An dieser Stelle hatte ich alle irdischen Probleme ausgeschaltet, ich dachte auch nicht mehr daran, dass es sehr mühsam war, da hochzukommen. Ich dachte auch nicht daran, dass ich 3500 Stufen noch runtergehen muss. Ich dachte nur in tiefster Demut darüber nach, dass ich nun da stand, wo irgendwann mal Moses stand. Wenn ich dann auch noch an das dazugehörige Ereignis denke, überwältigen mich einfach die Gefühle. Das kam mir alles so unwirklich vor, als ob ich in eine andere Welt versetzt wäre.*

Auch den Katharinenberg, der noch etwas höher als der Mosesberg ist, kann man von hier gut erkennen.

Wir sind alle glücklich, oben angekommen zu sein. Stefan hat Blumen aus dem Hotel mitgebracht und schüttet nun als Belohnung für die Besteigung des Mosesberges die Blumen über uns aus. Es werden Bilder gemacht, es wird gelacht und alles kommentiert.

Zu unserer Überraschung schenkt uns Attilio hier allen einen kleinen Plastikbecher Rotwein ein, und wir stoßen auf unseren Erfolg an.

Auch mit den beiden Fremden, die mit uns im Bus angereist sind und jetzt ebenfalls den Gipfel erreichten, teilten wir den Wein. Um für den Abstieg Kraft zu tanken, verzehrten wir noch das mitgebrachte Obst, Melonen, Granatäpfel sowie Datteln, Oliven mit Sardinenpaste und die von Stefan aufgeschnittenen Melonenscheiben - dünn wie Briefmarken (lachender Kommentar).

Stefan erinnert sich: *Oben angekommen sieht man die umlie-genden Gebirgsketten, die blaue Wüste, die angrenzenden Gebirgs-formationen. Ich male mir aus, wie damals die Geschichte Moses verlief.*

Auf der Gipfel-Plattform zeigte uns der Reiseleiter, wo die Ge-botstafeln gelegen haben sollen, er zeigt auf eine Ausgrabungsstelle mit Schriftzeichen. Später fragte ich Attilio, ob hier die Tafeln wa-ren. Attilio verneinte dies. Der obere Teil des Berges war früher nicht zugänglich. Moses war weiter unten. Auch waren es laut At-tilio 10 Angebote und nicht Gebote.

Attilio erzählte, hier entstand seine erste Licht- und Feuersäule, als Teil seiner späteren Lichtarbeit für die Welt.

Unser Reiseleiter läutete die Glocke an der Moses geweihten Dreifaltigkeits-Kapelle auf dem Berg. Vom Glockenläuten selbst überrascht, erzählte er uns, dass die verschlossene Gipfelkirche 1934 aus den Steinen der alten Kirche wieder aufgebaut wurde.

Der Gipfel ist den drei Religionen Christentum, Islam und Ju-dentum heilig.

Unser Reiseleiter klettert in einen Felsvorsprung neben der Kir-che, so wie Moses und Elias es vor 1000enden von Jahren taten. Beide erfuhren in einer neuen Weise die Anwesenheit Gottes, die Stärke der Natur, aber auch des Schutzes.

Für den Abstieg wählen wir die Pilgertreppe, welche über das Elias Plateau (ca. 2000 m hoch) zu erreichen ist. Das englisch ge-nannte Elijah's Basin erinnert daran, dass auch Elias rund 600 Jahre später, nach Moses, mit Gott gesprochen hat.

In diesem Felsenkessel stehen mehrere alte Gebäude, so-wie die Eliaskirche, und eine Quelle entspringt dort. Dies er-scheint im „Felsenmeer" wie eine Oase. Eine verdorrte riesige

Zypresse, über 1000 Jahre alt, sei im Winter grün, wie der Reiseleiter meint.

Hier hatte Attilio bei seinem ersten Besuch bereits schon übernachtet. Die Feuerstelle wurde etwas versetzt. Dieses Basin wird auch als Amphitheater der 70 Alten genannt. Moses und sein Bruder Aaron sollen sich hier mit den 70 Weisen des Volkes versammelt haben.

Anni: Oben muss ich mich entscheiden, welchen Weg ich für den Abstieg nehme. Die 3500 Stufen, die sogar im Ägypten-Reiseführer als der schwierigere Weg beschrieben ist, oder den Kamelweg, der etwas weniger beschwerlich, dafür aber länger ist.

Da Attilio die Treppen geht und ich unbedingt in seiner Nähe bleiben will, entscheide ich mich für diesen Abstieg. Ich habe heute gemerkt, wie wichtig es war, dass Attilio in meiner Nähe war und mir energetisch sofort helfen konnte.

Weiter ging es mit dem imposanten Abstieg über den Sikket Sayyidna Musa, den Weg des Herrn Moses. Wir durchwanderten abwärts 2 Tore, das Tor des heiligen Stephanos und das Tor des Glaubens. Am oberen Torbogen wachte im 6. Jahrhundert der heilige Stephanos. Wie unser Reiseleiter meinte, durften ab hier die Pilger nur noch ohne Schuhe den Berg besteigen, barfuß wie auch Moses vor den Herrn trat. Bei der unteren Beichtpforte selektierten die Mönche und gaben den Weg nur für Gerechte und Gute frei.

Unser Reiseleiter machte uns auch auf die Abbildungen in der Felswand aufmerksam: Wir konnten ein Elefantengesicht im Stein erkennen, weiter unten ein Krokodilabbild.

Anni: Beim Abstieg sieht man hier seitlich die schönen braunen Berge, Beduinendörfer in den Tälern und ein blaues Tal, die blaue Wüste genannt. Mitten drinnen ab und zu mal eine kleine Oase, 2-

3 Olivenbäume oder Palmen. Zu meiner Überraschung habe ich in einem Tal auch zwei Gewächshäuser gesehen.

*Vom Abstieg selber kann ich leider nicht viel berichten, denn es war Schwerstarbeit, abwärts den richtigen Stein, an der richtigen Stelle zu treffen. Ich war leider noch sehr wackelig auf den Beinen. Wie ich später erfahren habe, hatten auch andere Schwierigkeiten. Da ich aber zu sehr mit mir beschäftigt war, dachte ich, nur bei mir ist es so schwierig. Irgendwann hat mir Attilio seinen Arm zum Riechen gegeben (zum Auftanken), denn sein **Sandelholz** ist jetzt wieder dauerhaft da.*

Attilio ging ab und zu ganz hinten, damit er alle Körper überprüfen konnte.

Bei Anni sagte er öfter, ihr Kreislauf ist jetzt in Ordnung, nur die Knie musste er behandeln, weil sie übersäuert waren.

Abstieg Mosesberg

Die Stufen sind unterschiedlich groß und hoch, zudem sind sie auch versetzt. Anni sagte, sie war sehr froh Wanderstöcke dabei zu haben. Das würde sie allen ungeübten Bergsteigern empfehlen, denn das gibt einem doch mehr Stabilität.

Bevor wir ganz unten waren, hat Attilio einen Baum mit roten Beeren gefunden, den er kannte. Er hatte uns schon vorher von ihm erzählt. Seine Beeren sind sehr gut, fleischig und nicht zu süß. Für Wanderer sehr gut, sie geben Kraft.

Anni: *Wir mussten uns beeilen, denn im Sinai wird es sehr früh und fast übergangslos dunkel. Leider hat der Abstieg dann meinetwegen doch länger gedauert. Attilio hatte recht, dass er mich immer zum Gehen ermahnt hat, wenn ich mich erholen wollte.*

Ich will gar nicht daran denken, wie es gewesen wäre, wenn uns die Dunkelheit in den Bergen erwischt hätte, trotz Stirnlampe, die man immer dabei haben sollte. Als wir unten angekommen sind, war es sehr bald dunkel. Es konnte sich ein jeder mit frischen Getränken versorgen.

Ich habe als Dankeschön den Leuten die Getränke bezahlt. Da ich aber sehr erschöpft war, hatte ich keinen richtigen Überblick. So habe ich leider zwei Personen übersehen. Ich hoffe, die haben es mir nicht übel genommen.

Nun mussten wir im Dunkeln zum Bus marschieren.

Dank unserem Stimmimitator, der fleißig fotografiert hat, wissen wir, dass der Aufstieg und der Abstieg jeweils ca. 2:45 Stunden gedauert haben. Oben haben wir ca. 0:40 Stunden verbracht.

Unser Fahrer hat schon beim Jeepbus auf uns gewartet. Eigentlich können wir schon sagen, dass wir mit unseren Fahrern Glück hatten, meistens waren sie doch relativ pünktlich.

7. Tag, Mittwoch - Erholungstag

Heute genießen wir einen verdienten Erholungstag, dies war für einige auch nötig. Wir sind eben keine trainierten Bergsteiger, und die meisten von uns haben sich zu Hause leider nicht richtig vorbereitet.

Eine Kollegin sagte, gestern dachte sie, die Besteigung des Mosesberges wäre ein Horror, aber heute hat sie keinen Muskelkater. Sie sagte mit feuchten Augen „Jetzt wird es mir noch bewusster, was wir an Attilio haben, was er kann, weil ich es nun selbst erfahren habe. Ich fühle keine Müdigkeit, weder körperlich noch seelisch und habe keinen Muskelkater".

Da kann man ihr nur zustimmen, wir haben alle festgestellt, dass unsere Muskeln nicht so angeschlagen waren, wie unter normalen Umständen. Das verdanken wir Attilio, er hatte unsere Körper die ganze Zeit im Blick und behandelte uns bei Bedarf.

Wir haben heute einen Erholungstag, einige sind beim Einkaufen und andere am Meer. Anni und Stefan haben ihr Mittagessen am Pool eingenommen. Das war eine große Mango und jeder ein paar frische Datteln.

An das leckere Obst kann man sich gewöhnen. Schade, dass wir in Europa nicht diese Qualität bekommen.

Die Planung zum heutigen Abendessen war etwas geheimnisvoll. Wir sollten uns - zu unserem Erstaunen - unten beim Frühstücksraum treffen, ansonsten keine nähere Information.

Als wir nun am Abend einer nach dem anderen beim Frühstücksraum ankamen, empfing uns Stefan mit Musik. Er spielte das Lied „We are the champions".

Nachdem alle da waren, überreichten Stefan und Attilio uns, aus einem großen Karton je einen Pokal für die Erstbesteigung des Mosesberges, mit der entsprechenden Gratulation.

Das war sehr nett. Auch Attilio bekam für seine 7 Besteigungen einen Pokal. Die Botschaft, die Attilio vor Jahren bekommen hatte, dass er 7-mal den Mosesberg besteigen soll, ist nun damit erfüllt.

Jetzt haben wir auch verstanden, weshalb Stefan einen sooo großen Koffer dabei hatte, was sehr ungewöhnlich für ihn ist.

Am ersten Tag danach befragt, durfte er noch nichts verraten, er hat aber eine Überraschung angedeutet. Das war also die Überraschung.

Er hat die Pokale in Deutschland besorgt, für das Ereignis mit den Namen der einzelnen Kollegen versehen und sie in seinem Koffer über den Zoll gebracht.

So viel Einsatz, um uns eine Freude zu machen!

Danach sind Attilio und Stefan wieder zum Reisebüro gegangen und haben zwei Ausflüge gebucht: unsere Wüstennacht bei der Beduinenfamilie in Ras Abu Galum und die Reise nach Kairo mit drei Übernachtungen.

Pokale für die Besteigung des Mosesberges

Später gingen wir gemeinsam zum Abendessen. Unterwegs ins Aladdin kaufte Anni Rotwein, als Dankeschön an die Gruppe für ihre Geduld mit ihr auf dem Mosesberg.

Nach dem Abendessen tanzten wir noch auf der Terrasse.

Der Himmel war sternenklar und man konnte sehr schön die Sterne erkennen, wie so oft in diesen Tagen. Mehrere haben Sternschuppen gesehen, Attilio hatte sogar das Glück eine Doppelsternschnuppe zu erblicken.

8. & 9. Tag, Donnerstag bis Freitag - Ras Abu Galum

Tag der Wüstennacht in Ras Abu Galum, Besichtigung der Blauen Lagune, mit der Übernachtung unter freiem Himmel, am Ufer des Roten Meeres, bei den Beduinen.

Anni erinnert sich: *Um 7:15 Uhr war ich fertig mit dem Packen und hatte noch viel Zeit. Beim gemeinsamen Frühstück (um 8:00 Uhr) hörte ich, was gut wäre, wegen der Übernachtung unter freiem Himmel dabei zu haben. Ganz klar, nach dem Frühstück musste ich nun in aller Eile den Rucksack neu bepacken. Hätte ich mich vorher erkundigt, wäre der Rucksack längst fertig und ich hätte mich nicht abhetzen müssen. Man lernt nie aus.*

Um 9:00 Uhr trafen wir uns unten beim Empfang, um dann mit 1/2 Stunde Verspätung endlich losfahren zu können. Unser Reiseleiter übergibt Anni, da sie die älteste in der Gruppe ist, seinen Platz vorne beim Fahrer.

Unterwegs zeigten uns der Fahrer und der Reiseleiter einen Obst- und Gemüseladen für Einheimische, in welchem man gut und billig einkaufen konnte. Da wir regelmäßig am Mittag nur Obst essen, war das eine sehr gute Möglichkeit für unseren täglichen Einkauf.

Die Fahrt durch den Ort war sehr eindrucksvoll und exotisch, wie alles hier. Ziegen und Schafe liegen an den Zäunen entlang, im Schatten. Die Menschen gehen unbeeindruckt direkt vor den Autos über die Straße. Auf den Gehwegen stehen sie herum oder gehen gelassen von einem Haus zum anderen. Es kommt keine Sekunde Hektik oder Stress auf. Ob das tatsächlich so ist, kann man von außen schlecht beurteilen.

Weiter ging die Fahrt auf einer sehr holprigen Straße, bis zur berühmten Taucherstation von Dahab.

Auf diesem Weg fuhr unser Fahrer eine Welle. Während unseres Urlaubs trafen wir überall auf die Welle, die eine große Bedeutung in der Lehre von Attilio hat.

AUNDA - *Heilwelle*

Ca. eine dreiviertel Stunde später, nachdem die Kamele bepackt waren, ging es los nach Ras Abu Galum. Dort werden wir in einem Beduinendorf übernachten. Die Spannung ist bei allen groß, aber wir haben noch einen längeren Marsch vor uns.

Die Strecke führt uns jetzt am Meer entlang, d. h. links der Berg, rechts das Rote Meer. Beide unbeschreiblich schön und rau. Hier sieht man die Schönheit und kann zugleich die Gewalt der Natur erfahren.

An manchen Stellen erkennen wir in den Bergen die Maserung in Form einer Welle - wieder unsere Welle.

Der Weg für die Kamele geht direkt am Fuße des Berges entlang. Dadurch ist der Ritt auf dem Kamel eine sehr schaukelige Geschichte. Wir waren froh, als wir um 12:30 Uhr im Dorf ankamen. Eigentlich war es nicht wirklich ein Dorf, wie wir es uns vorgestellt haben, denn es sind nur ein paar Hütten, meistens offen in Richtung Meer.

Auch hier kann man beobachten, alle Kameltreiber, Fahrer und Reiseleiter verbringen viel Zeit mit dem Handy am Ohr und tragen anscheinend am liebsten einfache "Christuslatschen".

Strandhütten Ras Abu Galum

Nach dem obligatorischen Tee eilen alle zum Wasser, Schnorcheln ist angesagt.

Stefan: *Ras Abu Galum gehört sicherlich zu den schönsten Tauchplätzen weltweit. Es ist wie in einem großen Aquarium. Viele Korallen in unterschiedlichen Farben und Formen entführen uns in eine andere Welt, und wunderschöne farbige Fische begleiten uns. Viele verschiedene Arten von Falterfischen (Rotkopf, Rotmeerwimpelfisch), schwarze Clownfische, Papageifische spielen mit uns. Mit Brot gelockt kommen sie noch näher. Manche haben versucht die Fische zu berühren, doch dies ist sehr schwer, da sie blitzschnell ihre Richtung ändern können. Hinweis, Seegurken sollte man nicht berühren, sie sind klebrig und verteidigen sich mit Schleimfäden.*

Obwohl im Nationalpark Ras Abu Galum vor giftigen Schlangen (Black Cobra, Hornviper und Burtons Carpet Viper) gewarnt wird, haben wir nie eine Schlange gesehen. Vorsicht walten lassen sollte man dennoch bei Ausflügen ins Hinterland; hier immer bestehende Wanderpfade nutzen.

Um 14:15 Uhr bekommen wir von den Kindern ein Beduinenmittagessen serviert. Das Essen ist reichlich. Das typische Fladenbrot, der Reis und das Gemüse schmecken köstlich. Zwar weicht die Form der Fladenbrote voneinander ab, der Geschmack jedoch ist fast identisch.

Ein Kollege erzählt uns, dass er eine Katzenallergie hat. Hier lag in jeder Ecke eine Katze und die Katzenhaare vermutlich überall. Dennoch hatte er keine allergische Reaktion.

Am Nachmittag fuhr uns der 17-jährige Sohn der Familie mit einem geländegängigen Pritschenwagen zur Blauen Lagune, dort wollten wir unsere Schnorchelerlebnisse fortsetzen. Wir hatten uns vorgenommen dort auch den Sonnenuntergang zu erleben - leider verpassten wir ihn knapp.

Ein Teil der Gruppe ging ins Meer und hat dort im seichten Wasser kleine Muränen und Seesterne beobachtet. Inzwischen wurde es aber duster. Wir wissen wie übergangslos hier die Dunkelheit kommt. Da rief Anni der Gruppe im Wasser zu, dass wir jetzt fahren müssen, mit dem Ergebnis, dass sie ab sofort der „General", oder der „Admiral" genannt wurde. Auch das wurde später im neuen Tanz von Attilio festgehalten, mit der entsprechenden Körperhaltung und Bewegung.

Das Abendessen haben wir um 19:00 Uhr eingenommen und dazwischen wurde reichlich Tee serviert.

Inzwischen war es sehr dunkel. Unser Reiseleiter und Attilio haben ein großes Lagerfeuer am Meeresufer entzündet und einige Decken ausgebreitet. Am Feuer wurde dann noch das eine oder andere Späßchen gemacht und herzhaft gelacht.

Es war sehr romantisch, dazu der unbeschreiblich schöne Sternenhimmel. Die Milchstraße war so klar zu sehen, wie nirgends sonst, denn über dem Meer ist die Luft ohne Abgase, und in der Wüste sind keine elektrischen Lichter. Wir konnten unzählige Sterne, mit unterschiedlicher Leuchtkraft sehen, die wie leuchtende Kristalle in verschiedenen Formationen am Himmel ausgestreut waren. Das Zuckerl war dann, dass alle aus der Gruppe Sternschnuppen sahen.

Für unser Nachtlager hatten wir die Wahl, entweder in der offenen Hütte, oder um das Lagerfeuer, also unter dem freien Himmel, wie jemand sagte, im „1.000-Sterne-Hotel".

Anni: *Ich habe ein Nachtlager unter freiem Himmel gewählt. Wenn ich heute zurückdenke, kann ich es gar nicht fassen. Ich, die*

die Nähe eines jeden Kriechtieres meidet. Ich weiß, dass die Wüste in der Nacht erst richtig "lebendig" wird. Heute bin ich sehr froh, dass ich furchtlos draußen geschlafen habe. Wann habe ich sonst die Gelegenheit unter so einem herrlichen Sternenhimmel zu schlafen, zwei Meter vom rauschenden Meer entfernt?

In meiner Jugend habe ich auf Reisen viele Nächte im Zelt verbracht, dieser freie Himmel war aber was anderes. Vor dem Einschlafen habe ich noch den Sternenhimmel bewundert und auch ein paar Sternschnuppen gesehen.

Das war so ein magischer Moment, in dem man von sich glaubt, fliegen zu können, um bestimmte Sterne zu besuchen.

In der Nacht wurde es dann sehr kalt. Ich war aber mit einer Fleecejacke, einer Alumatte und einer dicken Decke gut gerüstet.

Am nächsten Morgen haben alle berichtet, dass sie Sternschnuppen gesehen hatten. Stefan z. B. hat noch nie so viele Sternschnuppen in einer Nacht gesehen wie hier. Dann standen wir alle am Strand, um den Sonnenaufgang über dem Meer zu beobachten - erneut ein besonderes Erlebnis.

Unser Kollege mit der Katzenallergie hatte keinerlei Anzeichen von Allergie, obwohl er mit Katzen in einem (offenen) Raum geschlafen hatte.

Sonnenaufgang über dem Roten Meer

Frühstück um 7:00 Uhr. Attilio erzählt uns italienische Witze.

Später essen wir noch vom mitgebrachten Obst, Granatäpfel, Melonen und Guave. Danach gehen alle zum Schnorcheln.

Ab ca. 12:00 Uhr bereiten wir unseren Nachhauseweg vor. Diesmal mieten wir fünf Kamele und reiten zurück an die Stelle, an der uns beide Autos abholen. Darauf war unsere Beduinenfamilie nicht vorbereitet, also mussten weitere Kamele eingesammelt und aufgesattelt werden. Das dauerte, aber um ca. 14:00 Uhr ging es dann los.

Anni denkt schmunzelnd zurück: *Auf diesem Weg habe ich wieder etwas beobachten können, was ich sehr nett fand. Auf dem Kamelweg, der sehr eng ist, ist uns ein Kamel mit Gepäck, ohne Kamelführer in der Nähe, entgegen gekommen. Ich dachte schon, jetzt bekomme ich Schwierigkeiten. Aber nein, die Kamele sind sehr gut erzogen. Plötzlich sehe ich, wie das fremde Kamel zur Seite geht, stehen bleibt und uns Platz macht, dass wir vorbei können. Ich fand das so nett, dass ich innerlich dem Kamel „danke" sagte.*

Stefan hat in seinem Buch festgehalten: *Auf dem Rückweg ist das Kamel für unser Gepäck zusammengebrochen. Es gab doch immer brenzlige Situationen auf der Passage zurück. Für die Kamele war es eine anspruchsvolle Strecke mit unterschiedlichen Steigungen und Bodenbeschaffenheit. Das Lastenkamel war nach meiner Einschätzung noch zu jung und viel schmächtiger im Körperbau. Unser Gepäck war vermutlich doch zu schwer. Kurze Zeit später kam unser Lastenkamel auch an. Verletzungen hatte ich keine gesehen.*

Am Taucherparadies Blue Hole hatten unsere Fahrer mit den Taxis schon auf uns gewartet. Vor der Rückfahrt haben wir noch frisch gepresste Obstsäfte getrunken.

Auf dem Weg zum Hotel besuchten wir noch mal den landestypischen Obstladen. Es war immer wieder ein Genuss, diese Vielfalt an exotischen Früchten zu sehen und kaufen zu können.

Heute mussten wir alle nach dem Abendessen noch unsere Koffer für Kairo packen.

10. & 11. Tag, Samstag bis Sonntag - Kairo Teil I

Um 8:00 Uhr gemeinsames Frühstück, danach Lagebesprechung für unsere Fahrt nach Kairo.

Die Erlebnisse unseres Ausfluges nach Kairo haben wir in Kairo Teil I und Kairo Teil II zusammengefasst.

Wir sind alle müde. So eine spannende Nacht unter freiem Himmel mit starken Temperaturunterschieden zwischen Tag und Nacht ist anstrengend. Die Freude auf Kairo lässt uns die Anstrengungen vergessen.

Um 9:00 Uhr sollte es losgehen, aber der Bus kam erst mit 20 Minuten Verspätung bei uns an.

Anni durfte wieder bei dem schon bekannten Fahrer vorne sitzen. Dann geht es wieder mit der Liste zur Polizeistation, dort bekamen wir die Genehmigung für alle Stationen. Der Fahrer bekommt kleine Zettel, die er dann bei den Kontrollpunkten abgibt.

Es ist nett zu sehen, wie der Fahrer sich und sein Auto für die Hauptstadt rausgeputzt hat.

Um ca. 9:45 Uhr können wir nun mit der genehmigten Liste losfahren.

Anni: *Da ich an die vielen politischen Ereignisse der letzten Monate in Kairo denken musste, habe ich aus tiefstem Herzen ganz spontan den Satz gesagt:* **Gott segne unsere Reise nach Kairo.**

Der Fahrer erklärte uns, dass wir nun 750 – 800 km Fahrt vor uns hätten. Tatsächlich sind es knapp 600 km. Vielleicht wollte er uns schon auf die lange Fahrtzeit vorbereiten, welche nun vor uns liegt. Der Weg führt uns zuerst zurück nach

Sharm-el-Sheikh, von dort aus geht es dann Richtung Norden entlang des Suez Golfs.

Nachdem wir einige Kontrollstellen passiert hatten, müssen wir in Richtung Kairo abbiegen. Hier wurde uns vom Wachhabenden mitgeteilt, wir sollen warten, damit wir einen Konvoi bilden.

Was ist nun so ein Kontrollpunkt, von denen es auf dem Weg nach Kairo 11-12 Stück gibt?

Ein paar Meter vor dem Kontrollpunkt ist die Straße so präpariert, dass sie sehr holprig ist, damit alle Fahrzeuge ihre Geschwindigkeit stark drosseln und in Zick-Zack-Linie fahren müssen. Seitlich steht ein Panzer, davor 2-3 Soldaten, und oben aus der Luke des Panzers schaut ein Soldat mit einem Gewehr heraus, beide auf uns gerichtet. Dann kommt eine Schranke, die von Soldaten bewacht wird. Ein Soldat kommt ans Fenster, schaut rein und verlangt eventuell die Pässe. Das ist aber sehr selten vorgekommen. Meistens hat der kleine Zettel ausgereicht, den unser Fahrer hatte. Jedenfalls scheint der Stempel, den wir uns am Flughafen besorgt haben, wichtig zu sein, denn wenn sie die Pässe verlangt haben, haben sie meistens sofort nach diesem Stempel gesucht.

Wenn man das alles das erste Mal erlebt, hat man schon ein komisches Gefühl.

Da die Soldaten aber überwiegend freundlich sind, verliert man mit der Zeit das mulmige Gefühl.

Nach einer kurzen Wartezeit dürfen wir losfahren. Ein Polizeiauto eskortiert uns. Inzwischen wissen wir, dass das zu unserem Schutz ist.

Unsere Aussicht ist nun eine andere. Wir haben links das Meer, aber keine Berge mehr, dafür viel Sand, also Wüste. Die Straße ist oft komplett mit Sand zugeweht.

Nachdem uns das Polizeiauto endlich verlassen hat, machen wir eine kurze Pause und kaufen beim Kiosk "wie die Weltmeister" ein.

Jetzt fahren wir am Suez-Kanal entlang, bis wir im Tunnel den Kanal durchquert haben. Hier wird streng kontrolliert. Wir mussten lange warten, viele Koffer wurden geöffnet, und die Kleider wurden ohne Handschuhe durchwühlt. Nach dem Tunnel mussten wir tanken.

Stefan hat den Reiseplaner angerufen und gebeten, unser Abenddinner Cruise auf Sonntagabend zu verschieben, da wir sehr spät in Kairo ankommen werden.

Laut unserem Fahrer hatten wir noch ca. 150 km bis zu unserem Ziel, doch bereits hier herrschte Chaos - im Gegensatz zum Sinai, wo wenige Autos auf den Schnellstraßen unterwegs waren. Unser Fahrer erklärt uns, der Kairo-Stau fängt schon hier an, aber er fährt sehr besonnen.

Die Einfahrt nach Kairo ist unvorstellbar. Je näher wir an die Stadt kamen, umso chaotischer wurde es. Sechs Reihen Autos und die Leute zu Fuß zwischen den Autos. Es geht sehr langsam vorwärts.

Am Ortsrand empfängt uns ein junger Mann. Er wird uns die Tage in Kairo begleiten, weil er sich - im Gegensatz zu unserem Fahrer - in Kairo auskennt. Das hat das Reisebüro organisiert.

Auf der Hauptstraße Richtung Innenstadt sehen wir Schafe, Ziegen, Esel und Kühe auf dem Gehweg, rechts und links wird unser Auto überholt. Es herrscht ein unvorstellbares Durcheinander. Man denkt, es müsste jede Sekunde krachen, aber der Verkehrsfluss geht einfach so chaotisch weiter.

Inzwischen war es ca. 21:00 Uhr, also waren wir fast 12 Stunden unterwegs.

Endlich haben wir unser Hotel erreicht und alle waren erleichtert, aus dem Wagen auszusteigen. Unsere Zimmer im 16. Stock sind mit Blick auf den Nil. Diese wurden nur noch von der großen Dachterrasse im 18. Stock übertroffen, ebenfalls mit Nilblick.

Unser Nilblick vom Hotel

Nur ein Teil der Gruppe besuchte zum Abendessen die Dachterrasse, die anderen haben sich ins Zimmer zurückgezogen.

Am nächsten Morgen gemeinsames Frühstück auf der Terrasse.

Anschließend ist mit der arabischen Reiseleiterin eine Rundfahrt geplant. Sie heißt Nohair und spricht fließend Englisch. Leider spricht sie nicht Deutsch, dadurch verstehen wir nicht alles. Das ist schade, denn sie hat Geschichte studiert und erklärt alles sehr detailliert.

Liebevoll nennt sie unsere Gruppe „Mischmisch", dies ist ein Kosewort für kleine Kinder und für uns der Aufruf schnell zusammen zu kommen.

Laut Nohair gibt es in ganz Ägypten mehr als 100 Pyramiden.

Die Pyramiden von Gizeh sind sehr gut erhalten und ca. 4500 Jahre alt. Sie befinden sich am westlichen Rand des Niltals, etwa 8 km von Gizeh und ca. 15 km vom Kairoer Stadtzentrum entfernt.

Sie sind das einzige erhaltene der sieben Weltwunder der Antike und gehören seit 1979 zum Weltkulturerbe.

Die Cheopspyramide ist davon die größte; sie war ursprünglich 146 m hoch und umfasst ca. 3 Mio. Blöcke, mit je einem Gewicht von 2,5 bis 15 Tonnen. Unsere Reiseleiterin erläuterte, dass man ganz Frankreich mit den Blöcken umrunden könnte.

Auf der Fahrt zu den Pyramiden sehen wir viele Panzer an den Straßenkreuzungen patrouillieren. Die Ägypter bereiten sich auf ein wichtiges Fest vor. Da sie politische Ausschreitungen befürchten, werden die Straßen stark bewacht.

Unsere Reiseleiterin erklärt uns, dass alle Grabstätten, und die von uns besichtigten Pyramiden auf der westlichen Seite des Nils liegen. Hier ist der Sonnenuntergang - das Totenreich. Die alte Hauptstadt Memphis mit den Tempeln liegt östlich, hier liegen die Städte der Lebenden.

Die Pyramiden wurden errichtet, da die alten Ägypter daran glaubten, dass das Leben nach dem Tod nicht zu Ende ist, sondern ein neues, besseres nachfolgt. Den Tod sahen sie als Übergang. Deshalb gab man den Toten viele Grabbeilagen mit. Was alles genau, dürfen wir im Ägyptischen Museum tags darauf sehen. Da die Bauwerke keinen Schutz mehr vor Grabräubern boten, entschloss man sich, die Pharaonen im Tal der Könige zu bestatten. Auf der Westseite des Nils, bei Luxor, gibt es einen natürlichen Berg in Form einer Pyramide. Die Pyramiden weisen zum Himmelsfirmament, zu den Sternen und symbolisieren die Verbindung zwischen Himmel und Erde.

Übrigens, die Pyramiden wurden genau nach den Himmelsrichtungen (mit kleinen Messungenauigkeiten) ausgerichtet. Dabei sind die Eingänge auf der Nordseite zu finden. Manch einer glaubt auch, dass es kein Zufall ist, z. B. stehen sie nicht in einer Reihe, sondern versetzt zueinander. Einige Theorien deuten die Anordnung symbolisch zu drei markanten Orionsternen und der Nil entspricht der Milchstraße. Dies ist allerdings nicht gesichert und wird hinterfragt. Die Pyramiden geben uns also heute noch viele Rätsel auf. Wie sind die Wunderwerke vor tausenden von Jahren entstanden und was motivierte die Erbauer? Als Symbol der Unvergänglichkeit repräsentieren sie heute wie früher die einzigartige Kultur des Alten Ägyptens.

Nun stehen sie vor uns, das letzte der sieben Weltwunder aus der Antike; die Pyramiden von Gizeh.

Gizeh – Pyramidenfeld

Chephren-Pyramide - energetisierter Sarkophag

Sphinx

Stefan erinnert sich: *Der Anblick ist überwältigend. Dicht davorstehend sehe ich die steile Seitenwand nach oben. Mehrere Falken hoch oben an der Spitze begrüßen uns. Wie beeindruckend müssen die zwei großen Pyramiden wohl früher mit den hell glänzenden und polierten Kalksteinplatten auf die Betrachter gewirkt haben? Auf der Spitze der Chephren-Pyramide sieht man heute noch den verwendeten Kalkstein.*

Wir sind alle sehr beeindruckt: Die logistische Leistung allein die Pyramiden zu bauen, muss für die Baumeister eine extrem schwierige Aufgabe gewesen sein. Die Spitzen der Pyramiden können im Ägyptischen Museum in Kairo besichtigt werden.

Vor 4-5 Jahren hatte Attilio die Frequenz der Pyramiden verändert.

Stefan: *Attilio erzählte uns in Seminaren, dass auch sein energetischer Tempel eine Pyramide ohne Spitze ist. Oben füllt sehr helles Licht alles aus. Und ich erinnere mich, "wir sollen in das Wissen der alten Ägypter kommen". Die Informationen und Erlebnisse der Reise werden wir später verarbeiten und einordnen können. Lautes Dröhnen am Himmel unterbricht meine Gedanken. Eine Militärstaffel von Düsenjägern fliegt dicht an den Pyramiden vorbei.*

In der Chephren-Pyramide wollen wir uns wie Archäologen fühlen, wie z. B. der frühere Entdecker Belzoni 1818. Durch die schmalen Gänge gehen wir erst nach unten, dann wieder nach oben und versuchen die Grabkammer zu entdecken.

Attilio hat um 09:50 Uhr den Sarkophag in der Pyramide noch einmal energetisch verändert. Vor diesen Verände-

rungen war dies eine aggressive Energie, nun ist die Frequenz viel weicher und schwingend.

Prinzipiell könnte man noch viel über die Pyramiden schreiben, aber das kann man alles in den Reiseführern nachlesen, hier würde es den Rahmen sprengen.

Danach fahren wir das kurze Stück zur sagenumwobenen Sphinx, ein Zwitter-Wesen, zugleich Löwe und Mensch über 70 Meter lang und ungefähr 20 Meter hoch. Laut Reiseleiterin stellt sie den König als Sonnengott dar.

Im Alten Ägypten verkörpern tierische Darstellungen das Wesen der Gottheiten. Neben den rein tierischen Abbildungen gibt es auch viele Zwitterdarstellungen, welche den Menschen kombiniert mit einem Tier als Gott veranschaulichen und erfahrbarer machen. Der Körper des Löwen bei der Sphinx verweist auf die große Macht des dargestellten Königs, und man möchte dem Göttlichen eine Form geben, als ein Repräsentant Gottes.

In anderen Theorien soll die Sphinx (der eigentlich korrekte archäologische Fachausdruck wäre der Sphinx) das Plateau von Gizeh überwachen und vor Grabräubern und bösen Geistern schützen. Welche Funktion die Sphinx nun wirklich hatte, wird weiterhin ihr Geheimnis bleiben.

Nach den weltberühmten Sehenswürdigkeiten sind wir in ein in der Nähe gelegenes Papyrus-Institut gefahren. Hier wurde uns erklärt, wie vermutlich bereits seit dem dritten Jahrtausend v. Chr. Papyrus Blätter hergestellt werden. Einige unserer Gruppe haben hier die Gelegenheit genutzt und echte Papyrus „Gemälde" mit Zertifikat gekauft. Vorsichtig sein sollte man immer unterwegs, da von fliegenden Händlern meist nur Gemälde mit „nachgemachten" Papyrus Rollen verkauft werden. Unter den vielen Motiven im Papyrus-Institut sind besonders die Horus-Abbildungen sowie die Erzählung über das Totenbuch einprägsam.

Wie man in Berichten lesen kann, ist Ägypten für viele die Wiege der Religionen. Das Erwachen und "Richten" des Geistes bzw. der Seele in einer „höheren Welt", wie es auch im Totenbuch dargestellt wird, ist in der Essenz sehr ähnlich den christlichen Religionen. Auch die alten Ägypter lehrten die Kenntnisse der geistigen Welt und deren Gesetze, und boten Einblicke in die Verbindung zwischen Mensch und Himmel. Vielen Religionen ist dies artverwandt. Auch Abraham, Moses und Jesus waren übrigens in Ägypten.

Auf der Weiterfahrt geht es nun durch einen neuen Stadtteil Kairos. Wir sehen einen sehr dunklen Kanal. Hier kann nur noch der Katzenfisch überleben, dieser wird von sehr armen Menschen mit einem Netz gefangen und verspeist.

Auf dem Weg zur Sakkarapyramide haben wir unser Mittagessen eingenommen. Unsere Reiseleiterin Nohair kannte ein gutes Restaurant, das sie immer gerne empfiehlt, weil es sauber ist und nicht zu hohe Preise hat.

Wir haben tatsächlich sehr gut gegessen. Als Vorspeise wurden leckere Aufstriche aus verschiedenen Gemüsesorten, mit dem obligatorischen Fladenbrot serviert. Für die Hauptspeise hat uns der Wirt kleine Tisch-Grillgeräte gebracht. Auf diesen bereitete er Hähnchen, Fisch, Gemüse, Pommes und Salat zu. Als Abschluss bekamen wir auch noch ein Dessert, ganz leckere Obstsäfte und guten Kaffee.

Als das Essen vom Herrn des Hauses aufgetragen war, kam die ganze Familie in den Hof. Sie setzten sich abseits unter eine Laube und beobachteten uns heimlich.

Bestens gestärkt konnten wir nun weiter zur Besichtigung der Sakkarapyramide.

Sakkarapyramide

Die weltberühmte Stufenpyramide König Djosers, ist nicht nur eine Grabanlage, sondern besteht neben der Pyramide auch aus den umliegenden Kapellen und Höfen, welche verschiedenen Zwecken dienten. Der Vorhof wurde für Festlichkeiten genutzt. Die Pyramide selbst erhebt sich mit sechs Stufen bis in eine Höhe von 60 m und wird ähnlich einer Himmelsleiter interpretiert. In alten Pyramidentexten steht geschrieben, dass der Verstorbene sich mit den niemals untergehenden Sternen vereinigt.

Weiter geht es nach Memphis:

Die Stadt Memphis hat ihren Status als erste Hauptstadt in der ägyptischen Geschichte immer wieder verloren. Im Vergleich zur Stadt Theben, dem heutigen Luxor, welche nur zwei oder drei Jahrhunderte Hauptstadt war, fanden in Memphis die Krönungen von Pharaonen statt; es war die Residenz der Prinzen. Auch der Palast des jungen Mitregenten Ramses II. stand sehr wahrscheinlich hier. Memphis als Tor zur Welt, galt als weltoffen, mit internationalem Flair und war, wie heute Kairo, am Nil ein wichtiger Handelsplatz.

Von der legendären Pracht von Memphis ist leider wenig geblieben. Heute sieht man in einem Freilichtmuseum eine Sphinx aus Alabaster, sowie die liegende Kolossalstatue von Ramses II. (Kolossalstatue heißt eine Statue von vielfacher Lebensgröße).

Attilio verfeinert um 15:30 Uhr die Frequenz der liegenden Ramses II. Statue.

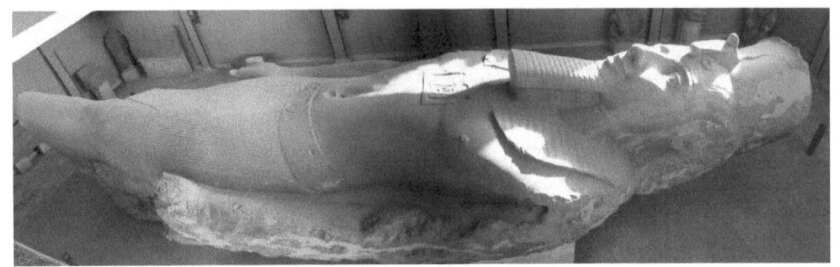

Liegende Ramses II. Statue

Memphis – Lichtsäule Ramses II. Statue

Ramses ist kein Gott aber ein „guter Bekannter" von Moses.

Heute um 15:45 Uhr baut Attilio mit einer Gruppe von Schüler eine Lichtsäule mit 1 Million BE vor der stehenden Ramses II. Statue.

Diese Lichtsäule ist verbunden mit Freiheit. Die Kraft ist enorm und die Schüler spüren dies wie eine energetische Wand.

Sie bildet einen Kern zwischen 4,5 und 5 Metern und erreicht bei voller Entfaltung einen Durchmesser von 100 Kilometer.

Stefan erinnert sich: *Wie ich im Bus zurück nach Kairo von Attilio erfahren habe, hat er von Ramses die Info bekommen: „Du hast Dein Volk gerettet, jetzt rette auch meines". Wollte/musste Attilio deshalb unbedingt nach Kairo?*

Dazu passt auch die Aussage von Attilio, er kennt Ramses II. sehr gut.

Wieder waren wir alleine (also keine weiteren Touristen) und hatten das Terrain vor der Statue frei für diese Arbeit. Als wir das Gelände verließen, bedankte sich ein Sicherheitsbeamter bei Attilio. Ob er ahnte, welche Hilfestellungen Attilio angestoßen hat?

In Kairo erklärt uns Attilio, wie sorgsam wir mit unserer Stimme umgehen sollen (wegen der hohen Frequenz). Wir sollen nie jemanden negativ fragen „Geht es dir schlecht?" Dafür lieber fragen „Wie geht es Dir?"

Ein anderer sehr eindrücklicher Satz von Attilio: Wenn jemand sagt, dass er kein Geld hat, dann ist es so. Das spiegelt seine Einstellung zum Thema Geld wieder.

Anni überlegt: *Für einen Menschen bedeuten 100 Euro eine Menge, für einen anderen ist das wenig.*

Diese Aussage von Attilio „dann ist es so" habe ich bis jetzt von der Logik immer umgedreht. Also konnte ich diesen Satz bis heute nicht richtig verstehen, oder wollte ihn nicht richtig wahrhaben.

Aber nun hat es irgendwie geklingelt. Nicht weil jemand die Sache so schildert, sondern weil jemand so glaubt, darum ist es so, darum ist es seine Realität.

Sofort hatte ich ein Bild vor Augen. Mein Unterbewusstsein wartet auf meine Gedanken, die meinen Glauben ausdrücken. Diese Gedanken sind für ihn Befehle, die er prompt versucht auszuführen, in dem ich in Situationen gelange, wo sich mein Gedanke bewahrheiten kann. Nun, wenn es mein Glaube ist, ich habe kein Geld, dann fühle ich mich arm, dann ist es eben so.

Da greift eben die alte Regel des Bewusstseins: **Handele als ob, und es wird so sein.**

Wie Attilio irgendwann sinngemäß meinte: **Die geistige Welt arbeitet für uns laut unserem Glauben.**

Dieses Beispiel können wir einfach auf alles in unserem Leben anwenden.

So ergibt auch die Theorie, dass wir unsere Realität selber erschaffen, einen logischen Sinn für mich.

Kairo ist für uns eine Stadt wie auf einem anderen Stern. Überall neue und spannende Eindrücke - anders als wir es kennen.

Auf dem Weg zum Tahrir-Platz (bekannt von den politischen Unruhen der letzten Zeit in Kairo), ist ein Kanal, der mit Abfall befüllt ist. Sogar unsere Reiseleiterin Nohair sagte mit Bedauern, die Leute werfen alles in den Kanal.

Entlang der Straße, an den Zäunen sind Herden von Ziegen, Schafen, Eseln, Kühen. Das Schlachten dieser Tiere wird mitten am Gehweg vollzogen. Das ist für uns gewöhnungsbedürftig.

Viele Gebäude sind renovierungsbedürftig. Dazwischen gibt es aber dann auch hochmoderne, elegante Geschäfte und Hotels.

Da aktuell wenig Touristen - bis gar keine - in Kairo sind, war es für uns viel angenehmer.

Dafür waren aber die Verkäufer irgendwie lästiger. Einer sprach ein wenig Deutsch, und wir fragten, warum sie nicht abwarten, ob jemand etwas kaufen will. Nicht ein jeder mag es, so bedrängt zu werden. Er erklärte uns, dass die Chancen etwas zu verkaufen natürlich viel geringer sind, wenn so wenige Touristen die Stadt besuchen. Am Abend muss aber ein jeder Geld für die Familie mit nach Hause bringen. Er habe zwei Kinder. Was soll man da noch sagen - eventuell überlegen, wie dankbar wir sein können, ein gesichertes und geordnetes Leben führen zu dürfen.

Am Abend waren wir zwar alle sehr müde, aber heute war noch eine Schiffsfahrt auf dem Nil, mit Abendessen und Show-Einlage für die Touristen - unser Dinner Cruise - geplant.

Die Fahrer haben uns zur Anlegestelle gefahren und auf uns an der vereinbarten Stelle gewartet.

Neben dem sehr guten Abendessen haben eine Bauchtänzerin und ein Derwisch-Tänzer uns ihr Können dargeboten. Zur Unterhaltung haben sie die Zuschauer in die Show mit einbezogen. Auch aus unserer Gruppe mussten einige auf die Bühne. Das war sehr lustig, und wir lachten viel.

Als unsere Kollegin, welche den Bauchtanz beherrscht, auf die Bühne kam, war die Bauchtänzerin sehr überrascht, denn darauf war sie nicht vorbereitet.

Es wurden viele Fotos gemacht. Auch Stefan wurde mit der Bauchtänzerin fotografiert.

Camelia musste auch einen Stab tanzend auf ihrem Körper balancieren.

Nach dem Abendessen holten uns die Fahrer an der vereinbarten Stelle ab und begleiteten uns ins Hotel. Dort ließen wir auf der Dachterrasse den Abend enden.

Um 23:00 Uhr gab es eine schöne Überraschung – **Horus** am Himmel.

Stefan erinnert sich: *Es war eine sehr große Wolkenfront über den Dächern von Kairo, die Horus formte. Auf der anderen Seite war keine Wolke zu sehen. Leider konnte man wegen der Dunkelheit und den riesigen Dimensionen nicht fotografieren. Dennoch wird es allen, die dabei waren, in tiefer Erinnerung bleiben.*

Im Hotelzimmer habe ich zur optimalen Klimatisierung die energetischen Symbole Sonne-Mond aufgebaut. Ich habe sie nicht mehr abgebaut, damit auch andere davon profitieren können.

12. & 13. Tag, Montag bis Dienstag - Kairo Teil II

Gemeinsames Frühstück auf der Dachterrasse des Hotels, mit dem Blick auf den Nil. Das könnte so schön sein, wenn nicht der Smog die Luft fast undurchsichtig machen würde. Diese vielen Autos sind wahrlich kein Segen für die Bevölkerung.

Nach dem Frühstück war das Treffen mit dem Fahrer, Beifahrer und der Reiseleiterin.

Heute sind die Zitadelle, ein Rundgang in Kairo und das Ägyptische Museum angesagt.

Nohair erklärt uns, es sind so viele Exponate im Museum, dass man 9 Monate bräuchte, wenn man jedes Einzelstück eine Minute anschauen würde.

Deshalb werden wir nur die wichtigsten Stücke der ägyptischen Geschichte besichtigen.

Der Tahrir Platz ist wegen möglichen Demonstrationen gesperrt, Panzer und Militär riegeln den Platz weiträumig ab.

Wie wir später erfahren, gab es am Wochenende in Ägypten bei blutigen Zusammenstößen 51 Tote und über 200 Verletzte, die meisten Toten in Kairo.

Wir fahren einen kleinen Umweg, um zu einer Querstraße zu gelangen, die leider auch abgeriegelt ist. Unsere Reiseleiterin verhandelt, und wir können zu Fuß zum Ägyptischen Museum gehen. An den Panzern und schwer bewaffnetem Militär vorbei, gehen wir zum Eingang. Als Europäer sind wir sicher.

Das Ägyptische Museum Kairo ist das größte Museum der Welt für altägyptische Kultur und liegt am östlichen Nilufer in Kairo.

Unsere Reiseleiterin erklärte uns leicht verständlich die Schritte der Mumifizierung und die damit verbundenen Rituale. Gerade im Alten Ägypten wurde die Einbalsamierungsmethode perfektioniert. Dies hängt mit dem Totenkult und den Jenseitsvorstellungen zusammen, welche sich auch in den umfangreichen Grabbeilagen wieder spiegeln.

Die bekanntesten sind sicherlich die Grabbeilagen von Tutanchamun, welche erst im 20. Jahrhundert entdeckt wurden.

Tutanchamun war ein altägyptischer Pharao der 18. Dynastie, der nur kurz regierte (laut Nohair). Bekannt wurde er, als 1922 sein nahezu ungeplündertes Grab im Tal der Könige entdeckt wurde. Die ausgestellte goldene Grabmaske ist voller ägyptischer Zeichen und wohl das bekannteste Kunstwerk aus der Grabstätte. Sie steht in der Raummitte, die Gesichtszüge sind idealisiert dargestellt. Die Maske und Mumie lagen in einem massiv-goldenen Sarg. Er ist geschmückt mit Flügel, welche die Göttin Isis symbolisieren und den Toten einhüllen.

Stefan erinnert sich: *Die Mumie selbst ist als einzige noch an ihrem Fundort, im Grab 62, im Tal der Könige aufbewahrt. Direkt vor dem Eingang befindet sich die Lichtsäule für die Lichtpyramide Afrika. Auf der Reise letztes Jahr überprüfte Attilio die Lichtsäule; sie steht richtig und neigt sich in Richtung des Berggipfels, welcher eine natürliche Pyramide symbolisiert, mit Himmelsrichtung südöstlich. Zur Erinnerung habe ich mir genau von dieser Stelle Sand für Zuhause mitgenommen.*

Grabbeilagen im Ägyptischen Museum:

Neben prunkvollen Stühlen, kunstvoll verzierten Kästchen, welche zu Füssen der Könige die Feinde darstellen, gibt es viele Basaltstatuen, Löwenabbildungen und Vasen, gefüllt mit sehr wertvollem Öl. Öl und Aromen waren damals sehr wertvoll, darum wurden sie in Alabastergefäßen transportiert. Geld war nicht so wertvoll.

Auf Reisen hatten die Herrscher faltbare Stühle und faltbare Betten. Übrigens, das Königsbett wird immer nur als Einzelbett dargestellt. Anscheinend gab es keine Doppelbetten. Es wurden noch weitere Betten gefunden, aber normale und Betten aus Papyrus.

Auch die Erklärung mit den Sandalen, war neu und interessant. Die Frau hatte eine Sandale an einem Fuß, der Mann an dem anderen, das war ein Symbol, dass sie aneinandergefesselt waren.

Sandalen für alle Größen und jedes Alter wurden gefunden.

Nachgebildete Segelboote standen für die himmlische Reise der Seele zur Verfügung.

Auf den Stäben, den Insignien der Macht, wurden die Feinde dargestellt; und jeder König trug einen Stab als Zeichen seiner Macht und Würde.

Interessant, die königlichen Kinder mussten ab dem 10. Lebensjahr Gehstöcke benutzen.

Gott **Anubis** ist als Hund dargestellt, zum Schutz der Mumien. Wie uns Nohair erzählte, lagen die Mumien früher in Bodenlöchern. Ein Hund spitzt seine Ohren um aufzupassen; es fehlen der Götterstatue die silbrigen Krallen, ansonsten ist alles aus Holz gearbeitet.

Vielfach sieht man auch schwarze Cobras dargestellt, welche wir bereits in den Tempelanlagen in Sakkara gesehen haben. Die Schlange wurde als mächtiges Wesen verehrt, als ein Symbol des Göttlichen; sie ist beschützend aber auch angreifend. Für die ägyptische Mythologie stellt sie durch ihre Häutung auch Erneuerung und Wiedergeburt dar.

Alle Särge, die wir sahen, haben auf der Außen- sowie Innenseite religiöse Texte und Darstellungen von Göttern. So sahen wir z. B. auf den beiden goldenen Sarkophagen in der Tutanchamun Ausstellung die Göttin **Isis**. Auch sind viele Figuren in Menschengestalt mit Göttersymbolen wie einer Sonnenscheibe oder einer Feder über dem Kopf zu erkennen.

Die Statue der Göttin Isis haben wir 2-mal gesehen. Einmal aus purem Gold und einmal aus Holz und Gold. Isis hat für Attilio eine ganz große Bedeutung. Sie ist seine spirituelle Mutter.

Wundervolle und einmalige Schmuckstücke zeugen vom Reichtum und handwerklichem Geschick der damaligen Zeit.

Horus Amulett - in seinen Krallen hält er die Hieroglyphen für Leben und Unendlichkeit

Attilio erzählte uns, dass er hier auch schon einbalsamierte Tiere (Hunde und Katzen) gesehen hat. Nohair erläuterte, dass wir einen anderen Ausgang nehmen, deshalb werden wir an den Tiermumien nicht vorbeikommen.

Da früher in den Räumen der Mumien so schlechte Energie war, hatte Attilio in den vergangenen Jahren die Frequenz bei allen Mumien erhöht.

Die Frequenz der Mumien hat Attilio um 09:40 Uhr noch einmal bearbeitet. Diese sind nun erhöht und schöner als zuvor.

Stefan erinnert sich: *In der dunkel beleuchteten Mumienausstellung stehen wir vor der Mumie Ramses II. Ich habe Attilio gefragt, ob er ihn wieder erkennt. Attilio bestätigte, dass er ihn kennt und ergänzte noch „sehr gut sogar".*

Ramses II. war der dritte altägyptische König aus der 19. Dynastie des Neuen Reiches.

Er regierte sehr lange und war für das Alte Ägypten sehr bedeutend. Mit ihm verbunden ist eine wirtschaftliche und kulturelle Blüte.

Es ist ein ehrwürdiges Gefühl; man blickt von Angesicht zu Angesicht auf einen der mächtigsten Pharaonen. Und für sein geschätztes Alter von 3200 Jahren, sieht er noch ganz gut aus! Geschichte kann wahrlich nicht erlebbarer sein.

Hatschepsut war eine altägyptische Königin der 18. Dynastie des Neuen Reiches. Der Name Hatschepsut bedeutet „Die erste der vornehmen Frauen". Sie ist aber als Mann aufgetreten.

Die Statuen aus dem Mittleren Königreich (Middle Kingdom) sind alle sehr ernst, und wirken sogar traurig.

Von König **Cheops** (Older Empire) gibt es nur eine einzige Statue, die so klein wie ein Finger ist. Sie wurde in zwei Stücken gefunden und stammt aus der Pyramide seiner Mutter.

Horus Statue - der Falke stützt das Genick des Pharaos.

Für viele Touristen ist die altägyptische Götterwelt am Anfang etwas verwirrend, da sie nicht eindeutig ist und abhängig von Region, Zeit und Mythologie unterschiedlich gelebt wurde. Gottheiten können unterschiedliche Funktionen haben oder miteinander verschmelzen. Bei den Charakterisierungen geht es prinzipiell nicht um Einheitlichkeit, sondern darum, die Schöpfung, die Geheimnisse der Natur und die Wiederauferstehung bildlich für alle verständlich zu machen.

Z. B. Horus, ein alter Falkengott, welcher schon in der Frühzeit Ägyptens verehrt wurde. Er ist der Herr des Himmels. Das eine Auge stellt den Mond, das andere Auge die Sonne dar. Die Zeichnung des Gefieders spiegelt die Sterne und der Flügelschlag den Wind wieder. Horus ist einer der bedeutendsten Götter im Alten Ägypten. Ein altes Zeichen für die Schreibweise des Wortes „Gott" ist der Falke auf einer Standarte. Schon in den Pyramidentexten (im Alten Reich) wird der Falke als Zeichen für "Gott" verwendet.

In späteren Zeiten wird Horus auch als Sohn der Göttin Isis und des Totengottes Osiris verehrt, welcher gegen Seth kämpfte und ein Auge verlor. Er ist der Vertreter der Götter auf Erden, der von seinem Großvater Geb das irdische Königreich erbte. Er bestieg als erster Pharao den Thron.

In der Ortschaft Edfu, ca. 100 km südlich von Luxor, steht ein sehr gut erhaltener Tempel, der Horus geweiht ist, auch benannt als die Götterwohnung des Horusfalken.

Stefan erinnert sich: *Attilio hat 2012 im Edfu Tempel eine AUNDA Welle mit sagenhaften 3 Mio. Boviseinheiten aufgebaut. Es ist kein Wunsch integriert, jeder bekommt das, was er braucht. Dies ist eine Anerkennung für Horus, aktuell der höchste Kraftplatz dieser Erde und weltweit verankert. Die Energiefrequenz fließt wie eine Welle zwischen den Tempelmauern. Die Information für Attilio, warum 3 Mio. Boviseinheiten, steht auf einem Bild im Tempel, welche diese Zahl symbolisierte. Nach dem Aufbau entstanden am Himmel drei Gottesfedern, wie man auf dem nachfolgenden Bild sehen kann, im späteren Verlauf erschien ein Horus-Falke und auf dem Rückweg der Adler. Selbst unser damaliger Reiseleiter meinte im Auto, dass die Wolken aussehen wie riesige Schwingen. Vor über 20 Jahren hatte Attilio diesen Adler bereits auf Papier gezeichnet (einige Schüler haben das Bild bei ihm zu Hause gesehen). Attilio bestätigte, der Falke ist der Bote, der Adler ist die Verbindung zum Himmel - Botschafter des Himmels.*

3 Federn über dem Horustempel erschienen nach dem Aufbau
der AUNDA Welle für die Götter

Alle Könige haben sich mit Horus verglichen. Sie sahen sich als göttliche Vermittler, die die Pläne der Götter an die Menschen weitergaben und den göttlichen Willen umsetzten.

Horus wurde auch der „Sonnengott" genannt.

Horus - Ramses II. Statue im Ägyptischen Museum

Heute, um 11:30 Uhr veränderte Attilio im Beisein einiger Schüler die Frequenz der Horus-Statue = göttliche Frequenz = Horus-Frequenz, wie bei den Horus Statuen in Edfu.

Attilio hat eine energetische Rundung um die Statue gemacht, ca. 1 Meter breit, damit die Kühle verbleibt.

Alle haben gespürt, wie die Luft dank der göttlichen Energie abgekühlt wurde, was auch ein paar Schritte entfernt zu fühlen war. Sogar in der Kühle konnten wir den **Sandelholzgeruch** von Attilios Arm riechen. Ein Hauch der göttlichen Welt.

Bei der Horus-Statue sind wir länger geblieben, Attilio hat uns zu Horus noch einige Informationen gegeben.

Vor dem Mittagessen haben wir im Hof des Museums kurz pausiert. Uns ist ein ausgebranntes Hochhaus gegenüber dem Ägyptischen Museum aufgefallen. Eine Erinnerung und Mahnung an die Kämpfe, die in Kairo stattgefunden haben.

Stefan erinnert sich: *Attilio kam zu mir und legte seinen Arm auf die Rückenlehne meines Stuhles, als ob er mir Energie geben würde – vielen Dank dafür.*

Vom Museum ging es zum Mittagessen in ein Restaurant, das vom Staat speziell für Touristen finanziert wird. Damit ist laut Nohair sichergestellt, dass alles sauber ist, und wir uns keine Gedanken machen müssen. Stimmt, es war alles gut, und wir haben auch die Gruppe Inder wieder getroffen, die wir auch bei der Nilfahrt gesehen hatten. Das Restaurant war tatsächlich voll, wahrscheinlich haben alle Reiseleiter dieselbe Anweisung.

Beim Verlassen des Restaurants hat uns Nohair noch einige Geschäfte gezeigt, unter anderem auch einen Laden mit Ölen und Parfüms. Es war klar, da mussten wir rein. Eine Verkäuferin konnte sogar italienisch, so hat sie sehr gekonnt über die Reinheit der Öle gesprochen und uns alle auch testen lassen. Einige haben auch etwas eingekauft.

Irgendwie kam die Rede auch auf Attilios spezifischen **Sandelholz Duft**. Der Inhaber wollte es unbedingt riechen, was Attilio ihm auch erlaubte. Er hat sofort gefragt, wie viel Attilio im Monat verdienen will. Er hätte ihn sofort eingestellt.

Weiter geht die Fahrt in die Zitadelle von Kairo, die einst als ein Bollwerk gegen die Kreuzritter errichtet wurde. Sie ist nun eine der Sehenswürdigkeiten von Kairo. In ihr sind einige prachtvolle Moscheen, die bekannteste davon ist die Mohammed-Ali-Moschee.

Da wir in dem Laden mit den Ölen viel Zeit verbrachten, sind wir in der Zitadelle (in Medina, der Altstadt von Kairo) zu spät angekommen, obwohl die Straßen laut unserer Reiseleiterin so leer waren, wie noch nie. Sie sperrten um 15:00 Uhr zu und jetzt war es 15:10 Uhr. Normalerweise wird sie erst um 16:00 Uhr geschlossen, aber aufgrund des morgigen Festtages haben sich die Zeiten verändert. Das höchste islamische Fest, das Opferfest wird gefeiert. Gläubigen Muslimen ist es eine Verpflichtung, wenn sie es sich leisten können, Tiere zu opfern. Dies war auch der Grund, warum so viele Tiere an den Straßenrändern zu sehen waren.

Nohair hatte wieder gut verhandelt, dadurch konnten wir trotzdem auf das Gelände gehen.

Von hier sieht man auch die Pyramiden von Gizeh, wenn kein Smog ist.

Nachdem das Tor schon geschlossen war und sonst keine Touristen mehr herein gelassen wurden, waren wir beim Aufbau der Lichtsäule wieder allein.

Wir konnten zwar wegen der Feiertagsvorbereitungen nicht in die Kirche gehen, aber Attilio kennt die Kirche, so konnte er auch von außen die Lichtsäule aufbauen. Dafür versammelte sich die ganze Gruppe zu einem Kreis um Attilio.

Heute um 15:25 Uhr baute Attilio im Beisein seiner Schüler eine Lichtsäule mitten in der Moschee auf, in der Zitadelle, mit den Wünschen „Freiheit und Spiritualität".

Weitere Lichtsäulen in Gebäuden z. B. in Kirchen befinden sich u. a. im Vatikan, in England (Westminster Abbey), in der St. Michaelis Kirche in Hamburg.

Moschee in der Zitadelle

Die Fahrt geht weiter innerhalb der Altstadt (Medina) ins koptische Viertel. Nach Überlieferungen soll Moses als Baby hier aus dem Wasser gezogen worden sein. Und auch die Heilige Familie mit dem Jesuskind hat sich auf der Flucht vor Herodes dort versteckt.

Leider war auch hier schon geschlossen, denn morgen ist Feiertag. Überall patrouillieren Soldaten und Polizisten, wir mit dem Wagen mittendrin.

Nohair spricht erneut mit dem Wachhabenden, und wir dürfen mit dem Wagen auf das Gelände fahren. Diesmal fährt ein Soldat, nachdem er sein Baksis bekommen hat, zu unserem Schutz mit. Er hat sich so auf die Stufe des Wagens gestellt, dass er von jeder Seite gut zu sehen war.

Wir besuchen die koptische Kirche der Heiligen Jungfrau, auch bekannt als die hängende Kirche. Sie heißt so, weil sie auf den Mauerstümpfen einer römischen Festung aufgesetzt wurde.

Unten sind Tunnel zum Flüchten, aber jetzt ist die Treppe zu den Tunnel geschlossen. Die ganze Kirche ist wie die Arche Noah gebaut.

Wo Attilio nun geht, entsteht eine Wolke, diese reinigt den Raum.

Heute, um 16:05 Uhr baute Attilio im Beisein seiner Schüler eine Lichtsäule mit 1 Million Boviseinheiten, vor dem Bild mit Mutter Maria und dem Jesuskind, (vis-à-vis mit dem Eingang in die Kirche), mit dem Wunsch, dass die Menschen Frieden bekommen.

Wie wir später beim Abendessen erfahren haben, war Attilio nun schon zum dritten Mal in dieser Kirche.

Lichtsäule in der koptischen Kirche Heilige Jungfrau

Leider waren die Geschäfte diesmal in der Altstadt alle wegen des bevorstehenden Feiertages geschlossen, so konnte Attilio nicht wieder Gewürze einkaufen, wie er es sonst immer getan hatte.

Nohair wollte uns im Zentrum noch eine Moschee von innen zeigen. Leider konnten wir auch dort nicht hinein. Ein

Soldat vom Geheimdienst ist zu unserem Bus gekommen und hatte Nohair ganz leise gesagt, dass eine Gruppe politischer Extremisten im Inneren sei. Wenn wir hineingehen, könnten sie sie nicht mehr richtig beaufsichtigen. Wegen der bevorstehenden Feiertage war zu befürchten, dass sie Illegales planen, darum musste der Geheimdienst sie beaufsichtigen. Logisch, dass wir einverstanden waren, sofort weiter zu fahren.

Als wir an einem Krankenhaus vorbeifuhren, erzählte uns Nohair, die Menschen würden hier umsonst behandelt werden, das bezahlt der Staat. Aber wenn jemand gut behandelt werden will, muss er zusätzlich Baksis geben.

Anschließend sind wir Richtung Hotel gefahren, denn wir mussten noch für die Rückfahrt nach Dahab einkaufen, packen und alles weitere vorbereiten. Noch einmal die Fahrt durch die engen Straßen und den chaotischen Verkehr in der Medina.

Die Leute bereiteten sich für ihren morgigen Feiertag vor.

Auf dem Weg zum Hotel erinnert sich Stefan: *Während des Rückwegs kaufen wir noch schnell im Supermarkt ein. Berührt hat mich hier ein kleines Mädchen mit Ihrer Mutter, welche vor dem Laden auf uns wartete. Das kleine Mädchen reichte mir sehr schüchtern ihre geöffnete Hand zum Betteln. Mir wurde bewusst, wie gut es uns eigentlich geht, und welche Möglichkeiten wir in Europa zum größten Teil hatten und haben. Eine gute Schule oder ein Studium, wie ich, wird sie vermutlich nie abschließen können. Und nachdem Geldgeschenke häufig auch anderweitig genutzt werden, überlegte ich, wie ich ihr helfen könne. Ich schenkte ihr meine Stifte und einen Block, in der Hoffnung, sie hat Spaß daran und lernt leichter.*

Vor dem Hotel verabschieden wir uns von der Reiseleiterin. Da sie uns durch ihre geschickte Verhandlungen oft weitergeholfen hat, bekommt sie ein gutes Trinkgeld.

Ungewöhnlich war, dass uns Attilio im Hotel sagte, wir sollen am Abend nicht ausgehen, wir sollen unser Schicksal nicht herausfordern. Es war berechtigt, denn wegen der Feiertage war eine besondere Stimmung in der Stadt.

Der junge Mann aus unserer Gruppe hatte eine Verabredung mit einem Arbeitskollegen, der zufällig in Kairo, in der Nähe unseres Hotels wohnte. Er sollte noch einmal angerufen werden, um dann gemeinsam mit seinem Freund in die Stadt zu gehen. Dieser Anruf kam nicht. Das war seltsam, nachdem uns Attilio sagte, wir sollen nicht weggehen.

Später saßen wir noch auf der Dachterrasse zusammen und feierten sehr ausgelassen unseren Abschlussabend in Kairo. Wir haben viel gelacht, gesungen und unseren **neuen Tanz** erweitert und vorgeführt.

Die Kollegin, die mit ihrem Sohn reiste, hat so entspannt beim neuen Tanz mitgemacht, dass ihr Sohn sagte, sie schaut 20 Jahre jünger aus. Als sie das hörte, hat sie natürlich nur noch gestrahlt.

Wir haben festgestellt, Attilio freut sich immer, wenn die Menschen in seinem Umfeld froh und glücklich sind. Darum mag er es auch, wenn getanzt wird.

Wenn man bedenkt, dass Tanzen eine sehr gute Bewegung für den Körper und die Seele ist, kann man nur sagen: Schade, dass wir es nicht öfter tun.

Stefan hat auf Anfrage seine gute Musik mit dem Barmann von der Dachterrasse geteilt.

Wir feierten noch lange unter freiem Himmel, bevor wir unsere letzte Nacht in Kairo verbrachten.

Heute, Dienstag ist unser Rückreisetag von Kairo nach Dahab.

Um 7:00 Uhr soll das Treffen unten vor dem Hotel mit dem Fahrer und dem Beifahrer sein.

Leider funktionierte der Aufzug sehr seltsam. Wir mussten vom 16. Stock zum 18. Stock auf der Treppe hinaufgehen (da der Aufzug am 17. Stockwerk nicht stoppte). Hier in den Lift einsteigen, damit wir am 16. Stock die Türe von innen aufmachen. Da der Aufzug sehr klein war und wir alle Gepäck hatten, musste der Vorgang öfter wiederholt werden. So wurde es sehr hektisch, trotzdem waren wir alle pünktlich unten.

Unten die nächste Nachricht, unser Beifahrer kommt erst später und unser Fahrer findet nicht alleine aus der Stadt. Wir fahren trotzdem los. Unterwegs treffen wir doch noch den Beifahrer. Er bringt gebackene Süßkartoffel mit, als Entschuldigung für seine Verspätung. Sie schmecken wie Kartoffel mit Kürbis.

Trotzdem wird er kein Trinkgeld bekommen, das wurde schon besprochen.

Auf den Straßen ist immer noch der Ausnahmezustand von gestern, es wird fleißig auf den Gehwegen geschlachtet, gegrillt und verkauft.

Der Beifahrer hat uns wieder bis zum Anfang der Autobahn gebracht und sich von uns verabschiedet. Von dort sind wir nun mit einer Stunde Verspätung losgefahren.

Wie beim Auszug des Volkes unter Moses überqueren wir bei Suez das Rote Meer.

Emotionaler Höhepunkt unserer Rückfahrt ist die unterirdische Passage des Suezkanals, welcher auch die Grenze zwischen Afrika und Asien bildet.

Der Tunnel ist militärisch gesichert, überall stehen etwas erhöht schwer bewaffnete Soldaten in Unterständen, welche den Tunnel bewachen.

Die Durchquerung des Suez-Kanals passiert sehr kontrolliert, damit keine Kolonnen entstehen.

Inzwischen ist es 11:30 Uhr, und uns wird mitgeteilt, wir müssen bei der Kontrollstelle noch eine Stunde warten. Wenn Ägypter für eine Stunde ihr Auto stoppen, schalten sie den Motor leider nicht ab. Bei ihnen kostet ein Liter Benzin wesentlich weniger als bei uns in Europa.

Anni überlegt: *Da bin ich sehr nachdenklich geworden und überlegte, wie gedankenlos wir mit unseren Ressourcen umgehen. Hier könnte man viele Beispiele aufführen. Und das gilt für alle Teile der Welt. Was wir Menschen durch diese Gedankenlosigkeit unserer Erde antun!*

Wie viel Sand und Staub um uns liegt! Aber wir haben auch Plantagen gesehen, sehr große Flächen. Das war ein ungewöhnlicher Anblick in der Wüste, faszinierend.

Irgendwann sieht Attilio im Himmel einen Falken. Es wurden immer mehr, später sogar ca. ein Dutzend, die da über uns kreisten. Attilio blieb im Auto sitzen, obwohl der Falke das Symbol für den Botschafter und Horus ist.

Nun standen wir 1,5 Stunden mitten in der Pampa. Um 13:00 Uhr ging es weiter. Bis 14:35 konnten wir fahren, dann erreichten wir wieder einen Kontrollpunkt.

Ab hier mussten wir in einer Kolonne fahren.

Um 15:00 Uhr die nächste Kontrollstelle und weiter ging es wieder in einer Kolonne.

Anschließend passierten wir noch Kontrollstellen um: 15:25 – 16:00 – 16:30 – 17:30 – 17:45 – 18:15 – 18:40 – 18:50 Uhr.

Also insgesamt 11 Kontrollstellen.

Anni: *Auf der Fahrt von Kairo Richtung Dahab habe ich irgendwann auf der rechten Seite einen Ort mit ganz gleichen und heruntergekommenen Häusern gesehen. Allerdings war auf der linken Seite, auf derselben Höhe ein Ort mit gleichen - aber diesmal lauter neue Häuser. Das war irgendwie sehr seltsam für mich.*

Vor Sharm-el-Sheikh konnten wir einen wunderschönen Sonnenuntergang über dem Meer beobachten. Da es auf freiem Feld war, und uns nichts die Sicht versperrte, war das wirklich ein Geschenk. Damit hatten wir nicht gerechnet.

In Dahab angekommen sind wir zu viert noch mit Attilio zum Abendessen gegangen.

Wir haben neben Garnelen einen Red Snapper von über 2 kg bekommen.

Stefan erinnert sich: *Attilio möchte, dass wir sehen, welche leckeren Fische er bestellt, da wir alleine dies nicht bestellen würden. Als Nicht-Küstenbewohner essen wir viel zu viel Fleisch und zu wenig Fisch. Wo er Recht hat, hat er Recht.*

Kairo - Sonne + Mond + Pyramide

Sakkara - Blumenblüten im Palmengarten

14. Tag, Mittwoch - Sandelholzgeruch

Attilio und Stefan gehen nach dem Frühstück ins Reisebüro, sie wollen Erkundigungen über Jordanien (Petra) einholen.

Manche haben beschlossen die Spitze der Insel zu besuchen, um dort zu baden, andere legten einen Ruhetag ein.

Attilio riecht inzwischen durchgängig nach **Sandelholz**, er ist stolz darauf. Für uns ist es auch vorteilhaft, z. B. wenn wir in einem Auto mit ihm sitzen. Der Geruch tut unserem Körper gut, er belebt.

Heute sind weitere zwei Kolleginnen aus der Schweiz zu uns gestoßen. Sie wollen unbedingt bei Vollmond auf den Mosesberg steigen. Attilio hat ihnen versprochen, dass er sie begleitet.

Gleichzeitig ist es der letzte Tag für andere zwei Kollegen aus der Schweiz. Also bleiben wir weiter acht Personen.

Anni: *Stefan und ich halten einen Erholungstag und schreiben unsere Notizen über die außergewöhnlichen Tage in Kairo. Dabei beobachten wir von der Terrasse am Meeresufer eine Wolkenbildung am Himmel, die wir sehr interessant finden. Die Form veränderte sich immer wieder.*

Am Abend nun das gemeinsame Abschiedsessen in erweiterter Runde. Es wurden viele Informationen ausgetauscht. Wir haben den „Neuen" berichtet, was wir bisher erlebt hatten, und was wir noch planen. So konnten sie sich Gedanken machen, ob und wo sie sich anschließen möchten.

Unser Abschiedsessen war wieder sehr lecker und üppig, sowie auch der von den Abreisenden spendierte Wein.

Manchem scheint es vielleicht, dass wir zu viel über Essen reden, aber Attilio hält es für sehr wichtig, dass wir uns gut und gesund ernähren. Darum essen wir jeden Abend Fisch und kaufen für die Reisen immer Obst. Das gibt uns Kraft und übersäuert unseren Körper nicht.

Jeden Abend verwöhnte uns Attilio mit seiner Fähigkeit, den Wein im Glas so zu verändern, dass er geschmacklich dem jeweilig Trinkenden zusagt. Wie wir beim Austausch der Gläser feststellen konnten, gab es in unserer Gruppe unterschiedliche Geschmäcker, was Wein betrifft.

15. Tag, Donnerstag - Nonnenkloster Deir Saghir

Geplant war der Besuch der Mosesquelle. Wie es die Vorsehung fügte, haben wir aber das orthodoxe Nonnenkloster Deir Saghir (auch 7 Nonnenkloster genannt) in der Wüste besucht.

Da wir nicht zum Frühstück gehen können, bekommen wir erneut Lunchpakete, und Anni behandelt diese sehr vorsichtig. Wir treffen uns am Eingang, und auch die neu Dazugestoßenen sind dabei, d. h. wir sind wieder zu acht.

Mit ein wenig Verspätung kommt unser Taxi. Der Fahrer ist Beduine, das kann man gut an der Kleidung erkennen. Der Reiseleiter spricht Englisch, und ist ebenfalls Beduine, lebt aber in Dahab. Sein Name ist Sofian, ein sehr seltener Name.

Sofian hatte eine weiße, frisch gebügelte Kutte an. Wahrscheinlich hat er sie nicht im täglichen Gebrauch. Beim Fahrer war das ganz anders, man sah, das ist seine Alltagsbekleidung. Im Auto unterhielt uns Sofian; er erzählte uns, dass er sich keine Namen merken kann, seinen eigenen aber immer weiß (da er so selten ist). Attilio hat diesen Scherz aufgenommen und mehrmals während der Fahrt seinen Vornamen geändert, beginnend mit Mohammed.

Der Reiseleiter gab uns auch Informationen über die Beduinen, über die Wüste und das Leben hier. So erzählte er, dass sie im letzten Winter Schnee in der Wüste hatten, zwar ganz feinen, aber es war Schnee.

Der Weg zum Nonnenkloster ist für Touristen gesperrt. Unsere beiden Beduinen kennen aber den Weg durch die Wüste, denn das ist die Heimat unseres Fahrers. Sie wollen uns an einigen Kontrollpunkten vorbeischleusen, durch jeweils einen Abstecher in die Wüste. Hier machen wir auch eine kleine Frühstückspause - in der Steinwüste.

An drei Kontrollpunkten sind wir gut vorbeigekommen, dort waren die beiden Beduinen bekannt, wir durften einfach durchfahren. Wie viele Kontrollpunkte wir umfahren haben, können wir nicht beurteilen. Den letzten Kontrollpunkt konnten wir anscheinend nicht mehr umfahren, hier mussten wir stoppen und unsere Ausweise vorzeigen.

Anni erinnert sich: *Diesmal habe ich die kurvigen, holprigen Fahrten in der Wüste sehr gut überstanden. Mein Gleichgewichtszentrum rebellierte zum Glück nicht.*

Unterwegs, in der Nähe des Klosters, war eine große Palmen-Oase Firan (auch Fairan genannt). Wir genossen den Anblick von Grün, bis uns Attilio darauf aufmerksam machte, wie welk und krank die Palmen aussahen. Durch das Abpumpen des Wassers ist das Grundwasser gesunken. Jetzt müssten sogar die Palmen gegossen werden. Attilio sagte, die Oasen werden verschwinden, weil die Bewohner zu viel Grundwasser entziehen.

Die Erkenntnis für uns war wieder einmal, wie unvorsichtig wir mit der Natur umgehen. Das müssen wir verbessern.

Um 10:00 Uhr sind wir beim Kloster angekommen, aber es ist abgesperrt. Auf Klopfen, Rufen, Hupen rührt sich nichts.

Wir fahren zu den nahe gelegenen Häusern zurück und bekommen den Tipp, die Glocke mit der Schnur zu betätigen. Wir fahren zurück und als wir diese betätigen, reagiert ein verschlafener Mann, der ans Tor kommt und uns öffnet.

Die Oberin und eine Schwester empfangen uns. Wir sind für sie nun ein seltener Anblick. In den letzten zwei Jahren waren insgesamt nur drei Gruppen zu Besuch. Sie sind aber auf Touristen angewiesen, denn die Spende der Touristen sichert das Überleben des Klosters. Leider ist die Gegend für Touristen gesperrt. Wenn aber diese Reisenden ausbleiben, bleiben logischerweise auch die Spenden und Einnahmen aus.

Die Oberin sagte, sie habe gleich bemerkt, dass wir eine besondere Gruppe sind. Leider hatte sie sichtbar ein gesundheitliches Problem beim Gehen.

Im ersten Raum zündeten wir Kerzen an. Eine Schwester hat uns auf Englisch über das Kloster erzählt. Unter anderem sahen wir ein Skelett von einem früheren heiligen Mann, dessen Name aber nicht bekannt ist. Der Deckel des Sarges ist aus Glas, so kann man Teile vom Skelett erkennen.

Im Kloster gab es ein Bild von Moses mit dem brennenden Dornbusch. Früher war hier der Bischofssitz. Ein Stuhl aus Stein erinnert an diese Zeit.

Auf dem Weg zum Klostershop mussten wir durch den Hof, vorbei an einem alten Baumstamm, der in die Mauer integriert ist. Diesen hatte Attilio auf einer seiner früheren Reise energetisiert.

Anni: *Als ich meine Hände auf den Stamm legte, habe ich ein sehr starkes Pulsieren gefühlt.*

Um 11:48 Uhr verfeinerte Attilio die Frequenz des Baumes, mit dem Wunsch „ ein jeder der ihn berührt, bekommt was er braucht".

Anni: *Beim erneuten Berühren des Baumstammes, nach der Frequenzveränderung, war das Pulsieren nun viel feiner und angenehmer.*

Anschließend gingen wir in den Verkaufsraum des Klosters. Die Schwester verbot hier sehr resolut das Fotografieren. Schade, denn es gab viele schöne Ikonen und interessante religiöse Bilder. Unter anderem ist uns ein Bild mit dem liegenden Jesus aufgefallen, am Kopf- und Fußende jeweils ein Engel (Alpha und Omega?). Alle Gegenstände stammen aus Griechenland, selbst die, die verkauft wurden.

Sie erzählte uns auch, dass hier früher ein Arzt und der heilige Damiano Lepra geheilt haben. Da sie die Heilung von Gott bekamen, war sie für die Patienten unentgeltlich.

Die Gruppe kaufte einige Gegenstände und spendete Geld, da das Kloster finanziell nicht weiß, wie es über die Runden kommen wird. Wörtlich sagte die Oberin, dass nur Gott wissen würde, wie es weitergeht.

Zum Ende unseres Besuchs wurde uns Kaffee und Tee serviert. Es kam eine Schwester dazu, die aus Rumänien stammt, aus der Gegend der berühmten Klöster in der Moldau (in den Ostkarpaten, an der Grenze zu Russland). Zwei aus der Gruppe, Camelia und Anni, kommen aus Rumänien und sprechen fließend Rumänisch. Das war für beide Seiten, für die Schwester aus Rumänien, aber auch für unsere Gruppe, eine Überraschung. Wie man so schön sagt, die Welt ist groß und trotzdem manchmal so klein.

Anni: *Attilio hat mich gebeten, der rumänischen Schwester zu sagen, dass die Oberin jeden Tag für 1 Minute den Baum berühren soll, dann wird sie geheilt. Attilio hat auch gesagt, woran sie leidet - da war sie sehr verwundert. Ich habe ihr erklärt, dass Attilio ein* bekannter Heiler ist, dass er z. B. im Körper der Menschen die Organe sieht. Ihre Fragen, ob er seine Geräte bei sich hat, und ob er mit Kräuter heilt, zeigten mir, dass sie gar nicht verstehen konnte/wollte, was ich ihr über Attilio erzählte. Sie selbst kannte nur das Beten an Gott für Heilung.

Mit Heilfrequenz energetisierter Baumstamm

Sie erklärte uns auch sehr überzeugt, dass die orthodoxe Kirche die einzig wahre Kirche ist und die einzig wahre Religion, da es die älteste Kirche sei.

Attilio kommentierte dies: Sie haben sich selbst eingemauert, dies ist nicht auf die hohen Klostermauern bezogen, sondern auf Ihre Einstellung.

Stefan: Wie Anni, habe ich auf Englisch erklärt, dass die Oberin sich für eine Minute pro Tag mit dem Baumstamm zur Gesundung verbinden soll. Nachdem die Ordensschwestern die Heilkraft nach der ersten Frequenzerhöhung am Baumstamm durch Attilio (vor über 10 Jahren) dem heiligen Damiano zugeschrieben hatte, hat Attilio erklärt, dass diese Heilenergie von Gott ist und war. Auch Attilio hat kein Geld genommen, wie es der heilige Damiano getan hatte.

In diesem Kloster gibt es ein Gästehaus, man kann dort auch übernachten. Das hat die Schwester bestätigt. Das Gebäude sah von außen sehr ordentlich und sauber aus.

Besonders schön ist auch der angelegte Klostergarten mit Orangen- und Zitronenbäumen, eine wahre Oase. Die Bäume auf dem Weg zum Eingang wurden von Attilio bei einer seiner früheren Reisen energetisiert.

Auf der Weiterfahrt erzählt uns Attilio im Auto ein Gleichnis mit einem Mann, der im Sumpf versinkt. Ein Mann versucht ihm zu helfen und reicht ihm einen Stock. Der Mann sagt nein, Gott macht dies schon für mich. Ein weiterer Mann kommt vorbei und reicht ihm einen Stock. Der Mann verweigert wieder die Hilfe, geht unter und stirbt. Er kommt dann ins Paradies und fragt Gott, warum hast Du mir nicht geholfen? Die Antwort lautete: Ich habe Dir doch zwei Männer geschickt.

An dieser Stelle wollen wir innehalten und uns erinnern: Wie oft geht es uns, wie dem Mann im Sumpf. Wie oft bekommen wir Hilfe, aber vielleicht in anderer Form, als wir es uns gedacht haben. Wenn wir nicht offen sind, merken wir vielleicht gar nicht, dass die Hilfe eben da war, wir sie aber nicht wahrgenommen oder nicht verstanden haben.

Anschließend aßen wir Mittag bei unserem Beduinen-Fahrer zu Hause, in der Wüste. Im Tal leben ca. 8000 Menschen, aber man sieht sie nicht. Im Dorf unseres Fahrers leben ca. 20 Kinder.

Als wir uns zum Mittagstisch gesetzt hatten, kamen Schafe und Hühner und trampelten einfach über den „Tisch" und um uns herum – das war wohl eine Überraschung!

Der Fahrer betete dann neben uns sein Mittagsgebet in Richtung Osten / Mekka. Laut Sofian müssen Gläubige fünfmal am Tag zum Gebet innehalten, bei Not können sie drei zusammenfassen.

Das Essen hat gut geschmeckt. Es gab Thunfischsalat, Bohnensalat, Kichererbsenpaste, Schafskäsepaste, Salat aus Tomaten und riesige Lappen Fladenbrot. Das Mittagessen wurde uns von einem Jungen serviert. Die Frauen und Mädchen, die vermutlich das Essen vorbereitet haben, sind nicht in Erscheinung getreten.

Anschließend haben wir unser Obst in der Gruppe verteilt und unsere Lunchpakete dem Fahrer gegeben, der sie stolz seinen Kindern brachte. Da sahen wir dann sehr neugierige Gesichter von Frauen und Kindern.

Diese befanden sich abseits in einer offenen Hütte, die mit einem ca. 1,50 m hohen Zaun umgeben war.

Im weiteren Gespräch haben wir erfahren, dass die Beduinen Tabak ohne Nikotin rauchen.

Unser Reiseleiter Sofian erläuterte, dass prinzipiell jeder sein Geld auf legalem Weg verdienen möchte, aber wenn das Geld trotzdem fehlt, werden Drogen angebaut.

Er selbst nimmt Opium, wenn er Schmerzen hat.

Unser Fahrer vertraute uns später noch einen Wunsch an, er möchte noch eine Frau aus Ägypten heiraten, das wäre dann seine dritte Frau. Dass sie eine Ägypterin sein muss, hat er sehr betont. Nach Vermutung von Attilio sind die Beduinenfrauen beschnitten, die Ägypterinnen aber nicht.

Wir haben noch Kamele gefüttert und Bilder dabei gemacht.

Noch einmal eine Rallye durch die Wüste – alle haben es gut überstanden. Mit einer Messung sahen wir, dass wir über 1000 Meter über dem Meeresspiegel hoch liegen. Kein Wunder, wenn es in der Nacht sehr kalt wird.

Bei der Fahrt konnten wir beobachten, dass die Beduinen nicht nur auf dem Boden im Schneidersitz sitzen, sondern auch im Auto. Unser Reiseleiter Sofian saß im Schneidersitz auf dem Beifahrersitz.

Am Abend gingen wir gemeinsam zum Abendessen, heute ins Al Capone, so dass die Belegschaft vom Aladdin sehen konnten, dass wir „fremdgehen". Unseren Kollegen, die gestern ihren letzten Tag in Ägypten hatten, wurde dort ein Kuchen versprochen, den sie leider nicht erhalten haben.

Stefan erinnert sich: *Die Verhandlungsführung im Al Capone war sehr lange, mühselig und anstrengend. Der Restaurantmitarbeiter wollte kaum verhandeln. Obwohl wir immer freundlich blieben, spürte ich Aggressivität bei ihm. Hätten wir nicht ein Zeichen fürs Aladdin setzen wollen, hätte ich hier abgebrochen.*

Wichtig für alle, die hier essen wollen, die Sepia wird hier aufgetaut und zubereitet.

Anni erinnert sich: *Heute wollte ich Geld wechseln. Bei keinem der vier Automaten habe ich es geschafft. Die Bank war auch nicht offen. Morgen bin ich ohne LE. Gut, dass ich meine Mahlzeiten aus der Gemeinschaftskasse bekomme, in die ich natürlich eingezahlt habe.*

Nach unserem Ausflug wartete wieder eine schöne Überraschung auf mich, in meinem Zimmer. Mein Bett war sehr schön geschmückt, mit einem Herzen, einem Schwan und ganz viele Blumen. Das sind wahrlich kleine Kunstwerke, die sie aus den Handtüchern auf mein Bett zaubern.

16. Tag, Freitag - Erholungstag

Heute nahmen wir einen Erholungstag. Ein jeder gestaltete sich den Tag selbst. Einige gingen ans Meer, andere wollten noch Geschenke kaufen, usw.

Gestern erfuhren wir von Attilio, dass er es nicht gut findet, wenn man auf der Reise so viele Pausen hält. Es wäre schön, wenn man an solchen Tagen ausnahmsweise weniger trinken würde.

Anni: *Als Erholung habe ich mich heute ganz gelassen auf eine Liege am Meeresufer gelegt. Ich wollte auf keinen Fall an die Sonne. Da dachte ich mir, ja, auch von der Sonne kann man zu viel bekommen. Unsere Berge mit dem vielen Grün und den schattigen Plätzchen sind auch sehr schön und sehr erholsam.*

Später kam auch Stefan dazu, und wir konnten kurz unsere Notizen besprechen.

Als später noch andere aus der Gruppe dazu kamen, wurden Informationen ausgetauscht. Unter anderem wurde ich gefragt, woher ich die Kollegin aus Italien kenne. Dass wir beide aus derselben Stadt in Rumänien kommen, hat sie wahrscheinlich verwundert. So klein kann die Welt sein.

Stefan erinnert sich: *Am Sandstrand spielten vor unseren Augen streunende Hunde innig miteinander. Ich dachte, wie schön. Sie machen sich keine Sorgen um morgen. Wir machen uns immer lange voraus Gedanken.*

Am Abend sind wir dann gemeinsam zum Essen gegangen – diesmal natürlich wieder ins Aladdin.

Dort haben sie sich sichtlich gefreut, dass wir wieder zu ihnen gekommen sind und nicht bei der Konkurrenz aßen. Es wurde sogar Kuchen auf Rechnung des Hauses serviert.

Im Restaurant war eine Gruppe Japaner, die versuchte unsere gute Stimmung zu imitieren. Ist ihnen aber nicht gelungen, wir konnten das eindeutig besser.

Nach dem Abendessen machten wir alle einen ausgiebigen Spaziergang. Einige waren anschließend müde und legten sich schlafen, andere sind noch mit Attilio auf die Terrasse. Dort spielte unser „DJ" Stefan noch gute Musik. Bei dieser muss man einfach tanzen.

Zwischendurch hat Attilio unseren immer wieder erweiterten **neuen Tanz** vorgeführt. Jeden Tag kamen neue Figuren hinzu, anhand denen wir die Person und die Situation erkennen konnten. Das war immer der Auslöser zum Lachen oder zum Mitmachen.

Bei diesen Treffen auf der Terrasse hat uns Attilio von seinen früheren Reisen erzählt, oder uns Erlebnisse und Erkenntnisse aus seinem Leben mitgeteilt. Das waren Momente, die uns Einblicke in Attilios Leben, in seine Reisen und in sein breit gefächertes Wissen erlaubten. Wenn man sich das Rauschen des Meeres und den Anschlag der Wellen am Ufer dazu denkt, waren das nicht nur lehrreiche, bewegende, sondern auch romantische Momente.

Attilio und Camelia waren wieder an der Spitze der Insel. Heute gab es leider keinen Schattenplatz. Für die Ägypter war heute Feiertag und zwei Busse mit Einheimischen besuchten die Strände.

Attilio baute einen energetischen Schutz auf, so konnten sie beide den ganzen Tag an der Sonne sein und waren am Abend sehr braun, ohne Sonnenbrand.

Da am Abend der Wind stärker wurde, konnten wir beim Tanzen unsere Tücher (die Männer ihre T-Shirts) im Wind wie eine Flagge wehen lassen. Das sah hübsch aus. Leider frischte der Wind vom Meer her auf, dass er uns in unsere Betten vertrieb.

Noch allgemein zu erwähnen ist, dass in den ägyptischen Ländern (dazu gehört auch der Sinai), öfter am Tag der Ruf zum Gebet sehr laut zu hören ist. Anfangs war es störend, inzwischen haben wir uns daran gewöhnt, und wir können es einfach überhören.

17. Tag, Samstag - Tag am Meer

Tipp von Stefan: *Alle Reisebuchungen können vor Ort erledigt werden. Es ist nicht notwendig, dies von zu Hause aus zu organisieren. Unsere Aufstellung zu potenziellen Hotels, Ausflügen und Buchungsmöglichkeiten, mit den in diesem Jahr aktuellen Preisen, finden Sie auf der AUNDA healing Website.*

Da heute Samstag ist, treffen wir uns später zum Frühstück als üblich.

Wir hatten beschlossen, dass wir doch noch nach Petra fahren. Das bedeutet, dass Attilio, Camelia und Stefan noch einmal ins Reisebüro gehen werden. Und wir brauchen erneut Geld. In Jordanien kann man zwar mit Euro bezahlen, aber die Reise selber müssen wir hier im Reisebüro mit LE begleichen.

Wir hatten Glück, die Bank war offen, also konnten wir erneut Geld wechseln.

Egal wo sich die Gruppe zerstreut hat, irgendwann am Tag trafen wir uns alle in der Saftbar. Rohrzuckersaft und Granatapfelsaft wurden unsere Lieblingsgetränke.

Attilio, Camelia und Stefan kamen strahlend aus dem Reisebüro zurück, sie hatten erneut eine Reise gebucht: Jerusalem + Bethlehem + Felsenstadt Petra + Totes Meer, insgesamt zwei Übernachtungen. Alles zusammen für ca. 275 €. Camelia hatte sehr gut verhandelt, inbegriffen war die Fahrt mit einem großen Reisebus, Hotel, Essen, Eintrittsgelder, Visum.

Die Freude war groß, denn das wird bestimmt ein einmaliges Erlebnis, mit dem keiner mehr wirklich gerechnet hatte.

Heute waren die Reinigungskräfte im Hotel sehr fleißig und haben in mehreren Zimmern die Betten hübsch geschmückt. Das war ein Hallo, wir haben uns gefreut und Bilder gemacht. Natürlich auch mit den Künstlern, zwei junge Männer, die sehr stolz waren, dass ihre Arbeit so gewürdigt wurde.

Attilio und Camelia machten heute einen Spaziergang am Meeresufer um Dahab herum. Sie kamen auch an unserem Obstladen in Assala vorbei, zu welchem wir normalerweise mit dem Taxi fahren. Zu Fuß benötigten sie ca. 40 Minuten bis zum Hotel. Assala ist das ehemalige Beduinendorf und die meisten einheimischen Beduinen und Ägypter leben in diesem Ortsteil von Dahab.

Für heute Nacht bereiten sich fünf Mitglieder aus der Gruppe für die Reise zum Mosesberg vor. Es ist ein Tag nach Vollmond und sie möchten zum Sonnenaufgang oben sein. Deshalb haben wir beschlossen früher zu Abend zu essen. Diesmal sind wir alle zusammen ins Aladdin gegangen.

Nach dem Abendessen sind wir gemeinsam zurück ins Hotel gelaufen. Auf dem Weg machte uns Attilio auf den aufgehenden Mond aufmerksam. Es war sehr schön zu beobachten, der Himmel war nämlich rot wie bei einem Sonnenaufgang. Das war eine beeindruckende Farbe!

Später wurde die Gruppe abgeholt, um bei Vollmond auf den Mosesberg zu steigen. Um 23:30 Uhr sind sie dann losgefahren.

18. Tag, Sonntag - Mosesberg bei Sonnenaufgang

Heute waren wir beim Frühstück nur zu dritt, denn die anderen sind auf dem Mosesberg.

Später kommt die Gruppe vom Mosesberg zurück. Attilio war nun bereits zum achten Mal auf dem Gipfel. Alle sind müde, aber glücklich und zufrieden. Es war sehr schön, sie so glücklich strahlend zu sehen. Einzelne haben noch die Kraft und Ausdauer zu berichten, was sie gesehen und erlebt haben.

Unter anderem hatte Attilio erneut seine außergewöhnliche Heilerfähigkeit einsetzen müssen.

Attilio hat auf dem Mosesberg dem Reiseleiter in weniger als 1 Minute die Halsschmerzen genommen.

Attilio hatte die Frequenz der Krankheit gesehen und sofort weggenommen. Wie er meinte, „sei dies auch eine schöne Art zu heilen".

Heute, um 5:50 Uhr hat Attilio, im Beisein einer Gruppe von Schüler, die Frequenz der Lichtsäule und des Feuers am Mosesberg verdoppelt.

D. h. die Wirkung der Lichtsäule ist jetzt doppelt so stark.

Es wurden sehr schöne Bilder gemacht. Der Sonnenaufgang auf dem Mosesberg muss wirklich ein ganz besonderes Erlebnis sein. Die es erlebt haben, sind sehr glücklich.

Stefan: *Sehr früh begann für einige der Tag. Bereits um 23:00 Uhr des Vortages wurde die Gruppe abgeholt.*

Der Taxibus stand pünktlich zur Abholung vor dem Hotel bereit. In den Nachtstunden fährt man 2,5 Stunden bis zum Mosesberg. Der helle Nachthimmel begleitete die Teilnehmer. Viele versuchten die Fahrtzeit zu nutzen und machten ein Nickerchen. Das weiße Mondlicht hat eine besondere Magie. Am Mosesberg angekommen wurde entschieden, wer zu Fuß und wer per Kamel-Taxi den Gipfel erklimmt. Ein sehr junger Kamel-Führer, nur ca. 20 Jahre jung, begleitete die Gruppe in der sehr hellen Mondnacht. Vollmond war tags zuvor; und auch heute wirft das sehr helle Mondlicht Schatten auf den Boden. Das Mondlicht ist besonders sanft, und jeder ist dankbar, in dieser besonderen Atmosphäre Attilio begleiten zu dürfen.

Während des Aufstiegs kamen der Gruppe - warum auch immer – einige ältere Personen mit Stöcken entgegen. In der kalten Nacht erklommen alle in nur kurzer Zeit den Weg bis zur oberen Kamelstation und legten sich, nachdem es noch sehr früh war, unterhalb der Treppen zu den Beduinen.

Der Kälte strotzend, in gemieteten Wolldecken eingemummt, haben alle noch ca. eine Stunde geschlafen, bevor die letzten 750 Stufen bis zum Gipfelplateau zu erklimmen waren. Oben angekommen, wurde es immer heller, und die Wolken am Himmel formten langsam Zeichen. Der ganze Himmel war voll mit Engel- und Lichtwesen.

Dann ging langsam die Sonne am Horizont auf, das Licht der Strahlen berührte alle, dies war faszinierend. Zur gleichen Zeit bekam Attilio die Info, die Kraft des Feuers und der Lichtsäule, welche er vor über 12 Jahren aufgebaut hat, zu verdoppeln. Nach dem Aufbau wurde es kühl, und auch der in der Gruppe mitgekommene unwissende Fotograf sagte, dass es nun so kalt wäre.

Aufgrund der besonderen politischen Situation war nur eine Gruppe, ca. 10 Personen am Gipfel; zu früheren Zeiten war beim Sonnenaufgang der Weg dorthin überfüllt.

Sobald die Sonne aufging, wurde es immer wärmer, am Himmel spiegelte sich in den Wolken das Horus-Auge, und man sah durch die aufgehende Sonne einen goldenen Schimmer über den Bergen.

Alle Frauen versammelten sich in der Lichtsäule, nahmen sich bei den Armen und bildeten einen Kreis; Tränen der Auflösung durften fließen. Dies war für alle so tief greifend, und es ist sehr schön, dass man sich so begegnen konnte.

Dieses besondere Ambiente, auf der einen Seite der nahezu runde Vollmond, auf der anderen Seite die Sonne, prägte sich tief in die Herzen. Gestärkt mit einer Mango, von Attilio verteilt, ging es dann langsam wieder zurück. Der Weg führte über die Treppen mit den beiden Toren zum Katharinenkloster zurück. Der Reiseleiter wartete auf dem Torbogen; dies war sehr lustig. Müde und mit schönen Erinnerungen machten sich alle auf den Heimweg.

Heute hatten wir wieder sehr viel Spaß beim Abendessen.

Anni erinnert sich: *Heute wollte ich als Dankeschön an Attilio und Stefan für das Organisieren den Wein für unser Abendessen spendieren. Attilio hat aber doch wieder einen Teil übernommen.*

Inzwischen wissen wir von Attilio, dass er bei seinen bisherigen Reisen an der Küste von Dahab schon vier Lichtsäulen aufgebaut hat.

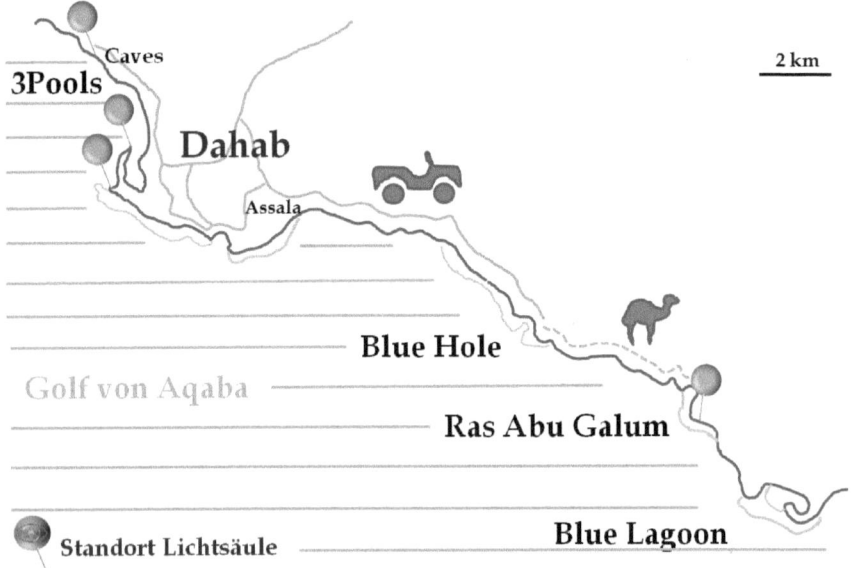

3Pools
Caves
2 km
Dahab
Assala

Blue Hole

Golf von Aqaba

Ras Abu Galum

Standort Lichtsäule
Blue Lagoon

Dahab - Standorte Lichtsäulen

Sonnenaufgang Mosesberg

19. Tag, Montag - Horus am Himmel

Während des gemeinsamen Frühstücks, gab Attilio uns den Hinweis, dass noch keiner von uns in der Lichtsäule an der Spitze Dahabs war. Daraufhin beschlossen einige von uns, dass sie dies nachholen wollen.

Heute müssen wir noch packen, denn am Abend startet die Reise nach Israel und Jordanien. Die beiden später hinzugekommenen Kolleginnen können leider nicht mitkommen, da ihr Flug für die Heimreise schon startet, bevor wir von der Reise wieder zurück sind.

Unsere Reise ist wie folgt geplant: Um 21:00 Uhr werden wir in Dahab abgeholt und zum Bus ins Taba-Tal gebracht. Wir werden die Nacht durchfahren und am Morgen am **Toten Meer** sein. Danach in Israel **Jerusalem** und im Westjordanland **Bethlehem** besuchen, um uns dort Sehenswürdigkeiten anzusehen. Später fahren wir weiter nach Jordanien und werden in einem Hotel in Aqaba übernachten. Am nächsten Tag wird es mit dem Bus weitergehen in die Felsenstadt **Petra**. Am Mittwoch um 16:00 Uhr treten wir die Rückfahrt an. Voraussichtlich ca. 22:00 Uhr werden wir wieder in Dahab sein.

Heute gehen wir um 17:00 Uhr Abendessen, denn um 20:50 Uhr werden wir für die Reise abgeholt. Wir verwöhnen uns mit Garnelen, White Snapper und Langusten.

Auf unserem Weg zum Abendessen ist erneut Horus in einem Wolken-Licht-Spiel – während eines wunderschönen Abendrots - am Himmel erschienen.

Attilio erzählte, dass sie auf dem Rückweg von der Spitze der Insel von beiden Seiten eine Wolkenformation sahen, die einer roten Brücke ähnelten. Leider hatten sie keinen Fotoapparat dabei.

Fast pünktlich kam unser Taxi und brachte uns bis zu einer Tankstelle im Taba-Tal. Hier mussten wir auf unseren Bus warten, der die Teilnehmer aus mehreren Ortschaften einsammelte. Eine große russische Touristengruppe füllte den Bus, so dass wir nur noch einzelne Plätze bekamen.

Alle hatten versucht zu schlafen, was nicht so einfach war. Als wir an der ersten Grenze ankamen, wurden wir wieder geweckt. Inzwischen war es schon Dienstag.

20. Tag, Dienstag - Totes Meer, Bethlehem & Jerusalem

Bei der Einreise nach Jerusalem hatten wir heute einige Schwierigkeiten. Der junge Mann aus der Schweiz wurde sehr streng kontrolliert. Nach drei Stunden wollen der Reiseleiter und der russische Teil unserer Gruppe unbedingt weiterfahren. Unser Kollege saß aber noch bei den Grenzbeamten. In einer persönlichen Befragung wurde der Name der Großeltern, Handynummer und vieles mehr abgefragt und überprüft. Andere Reisende verbrachten an der israelischen Grenzstation bis zu sieben Stunden. Auch weil Attilio diese Probleme kannte, wollten wir ursprünglich mit dem Schiff nach Aqaba übersetzen. Leider fahren diese Boote nur an bestimmten Wochentagen und sehr unregelmäßig, da sie warten, bis das Schiff voll wird. Gerade jetzt, da wenige Touristen im Land sind, kann sich dies in die Länge ziehen. Als das Drängen des Reiseleiters vehement wurde, haben wir uns entschlossen energetisch „nachzuhelfen". Und siehe da, plötzlich durften wir mit dem jungen Mann weiterfahren.

Früh am Morgen kommen wir am Toten Meer (ca. 400 m unter dem Meeresspiegel) an, direkt am Hordus-Center in der Nähe des En Bokek Gebiets.

Bei der Ankunft hatten wir so die Gelegenheit einen herrlichen Sonnenaufgang über dem Toten Meer zu beobachten. Das gibt einem viel Kraft und Energie.

Um 7:07 Uhr hat Attilio, im Beisein seiner Schüler, die Frequenz des Toten Meeres so verändert, dass sich die Frequenz immer anpasst.

Stefan: *Das Schwimmen im Toten Meer ist etwas besonders. Der Salzgehalt liegt um 30%. Im Vergleich hierzu hat das Mittelmeer rund 4% Salzgehalt. Untergehen ist fast unmöglich, Brustschwimmen ist sehr schwierig, da der Körperschwerpunkt verändert ist. Am besten legt man sich bequem rückwärts ins Wasser und treibt. Zeitunglesen wie man oft auf Bilder sieht, wäre ganz einfach, leider hatte keiner von uns eine Zeitung dabei.*

Um 7:31 Uhr baute Attilio, im Beisein einer Gruppe Schüler, eine Lichtsäule mit einer Frequenz von mehr als 1 Million Boviseinheiten, mit den Wünschen „spirituelles Wachstum und Freiheit" auf. Der Kern dieser Lichtsäule hat einen Durchmesser von 5,50 m und eine Reichweite von 100 km. Sie erreicht die umliegenden Gebiete: wie Westjordanland, Jordanien und Israel.

Stefan erinnert sich, *dass die Frequenz dieser Lichtsäule nach Attilios Beschreibung gewaltig hoch ist, damit nichts verloren geht. Sie funktioniert wie die AUNDA Welle, steigt an, wenn sie gebraucht wird.*

Totes Meer - Sonnenaufgang

Nach einer Stunde müssen wir wieder am Bus sein, um unsere Fahrt fortzusetzen. Unser Reiseleiter, der sehr gut Deutsch spricht, hat uns geraten, alle zusammen zu sitzen. Also haben wir uns neue Plätze gesucht. Das hatten manche aus der russischen Gruppe nicht gut gefunden.

Da es aber sinnvoller war, erklärte die russische Reiseleiterin dies auch dem russischen Teil der Gruppe. So konnten wir am Ende zusammen sitzen bleiben.

In der freudigen Erwartung, endlich in **Bethlehem** angekommen, haben wir total vergessen, auf die Uhr zu schauen.

Bethlehem ist eine Stadt im Westjordanland. Die Stadt gehört zu den palästinensischen Autonomiegebieten und grenzt im Norden an Jerusalem. Für viele Christen der ganzen Welt ist die Stadt von besonderer Bedeutung, weil sie der Überlieferung nach der Geburtsort Jesu Christi ist. Der Ort wurde schon in der Bibel erwähnt.

In Bethlehem in einem Shop konnten wir die ersten Geschenke kaufen.

Wir beobachteten, wie zwei Straßenhändler sich gegenseitig angriffen, weil sie beide einer Reisenden aus der russischen Gruppe etwas verkaufen wollten. Da im Moment nicht viele Touristen vor Ort sind, „kämpfen" die Händler um jeden Kunden.

Interessant war zu erfahren, dass Attilio in dieser Inkarnation noch nicht in Jerusalem und Bethlehem war.

Für Jerusalem und Bethlehem hatten wir zusätzlich einen einheimischen Reiseleiter, der sehr gut Deutsch spricht. Er kennt sich hier gut aus und kann uns auf den kürzesten Wegen zu den wichtigen Stellen bringen. Es war nett zu beobachten, wie er nach jedem besuchten Punkt seine Gruppe abzählte. Er sagte, er will keinen aus der Gruppe verlieren.

In Jerusalem und Bethlehem, haben wir sehenswerte Kirchen und Orte besucht. Leider ist in der kurzen Zeit das Festhalten von all dem Gesehenen unmöglich.

Anni erinnert sich: *Ich habe mich bemüht Notizen zu machen, aber oft stand ich mit offenem Mund an einer Stelle und habe vergessen etwas zu schreiben. Diese Kirchen und Basiliken sind einmalig und sehr beeindruckend. Es ist eine unglaubliche Atmosphäre hier. Dazu die Masse an Touristen.*

Die erste Kirche, die wir besuchen ist die Geburtskirche Jesu in Bethlehem; sie ist eine der ältesten Kirchen der Welt, und wurde nie zerstört. Im 3. Jahrhundert von Kaiser Konstantin der Große und seiner Mutter Helena aus Trier/Deutschland über der vermuteten Geburtsstätte Jesu Christi erbaut. Der Eingang führt durch die Demutspforte, so genannt, weil man sich bücken muss um hinein zu gelangen. Das Tor wurde nachträglich verkleinert, die alten Türrahmen kann man noch erkennen. Feindlich Gesinnte konnten so in früheren Jahrhunderten nicht in die Kirche reiten und Schaden anrichten.

Innerhalb der Kirche wurde an einer Stelle der Boden abgehoben und man kann einen Mosaik-Fußboden aus der Zeit Kaiser Konstantins erkennen. Weiter geht es in den griechisch-orthodoxen Teil der Kirche, dem Altarraum. Eine Treppe führt zur Geburtsgrotte Jesu. Der Geburtsort wird von einem 14-zackigen Stern markiert. Der Stern Bethlehems steht für die dreimal 14 Generationen von Abraham bis Jesus.

Um 11:40 Uhr baute Attilio, im Beisein seiner Schüler, in der Mitte der Geburtskirche, eine Lichtsäule von 1 Millionen BE auf, die den Menschen das gibt, was sie gerade brauchen.

Bethlehem – Geburtskirche, Standort Lichtsäule

Danach gingen wir zur Grotte, in der Jesus geboren wurde.

Die vermutete Geburtsstätte Jesu Christi liegt in einer unterirdischen Grotte, die über eine Treppe zugänglich ist. Sie wird seit dem 2. Jahrhundert als heilig verehrt und zieht alljährlich Millionen Pilger nach Bethlehem.

Die Geburtskirche gehört seit 2012 zum Weltkulturerbe der UNESCO.

Um 11:50 Uhr veränderte Attilio, im Beisein seiner Schüler, die Energie in der Grotte. Jetzt ist hier die Energie, wie bei der Geburt Jesus. Sofort zieht eine kühle Wolke an uns vorbei.

Die an die Geburtskirche angrenzende katholische Katharinenkirche geht auf den sehr gläubigen österreichischen Kaiser Franz Josef zurück. Eine Tafel in lateinischer Sprache erinnert daran. In der Kirche wurde gerade eine Messe gefeiert, hier werden auch die Mitternachtsmessen zelebriert.

Vor der Kirche steht die Statue des Hieronymus, welcher aus Rom kam und das Testament vom Griechischen ins Lateinische übersetzte.

Nach der Besichtigung wurden wir in eine sehr große Kantine mit Selbstbedienung zum Essen gefahren. Wir konnten zügig und gut essen, ohne viel Zeit zu verlieren.

Stefan: Was viele vielleicht nicht wissen, in Bethlehem gibt es eine 8 Meter hohe Mauer. Graffiti mit einer Friedenstaube und dem Spruch: „We do not need walls" erinnern mich sehr an die frühere Mauer in Berlin. Doch diese ist nun Geschichte.

Danach ging es weiter nach **Jerusalem,** für viele Christen, Juden und Moslems auch ein heiliger Ort.

Sie liegt in den Judäischen Bergen zwischen dem Mittelmeer und dem Toten Meer.

In Jerusalem begegnen sich viele Kulturen der Antike und der Moderne. Die Altstadt ist in verschiedene Viertel gegliedert und von einer Mauer umgeben.

Unsere erste Station ist die Auferstehungskirche, auch Grabeskirche genannt. Die Kreuzwegstationen X bis XIV befinden sich in der Kirche, unter anderem auch die Stelle, an der Jesus gewaschen, eingewickelt und Maria in den Schoß gelegt wurde.

Um 13:55 Uhr baute Attilio eine Lichtsäule von 1 Million Boviseinheiten auf, im Beisein seiner Schüler, an der Stelle an welcher Jesus einbalsamiert wurde (Salbungsstein). Diese Lichtsäule trägt keinen Wunsch, sondern Licht.

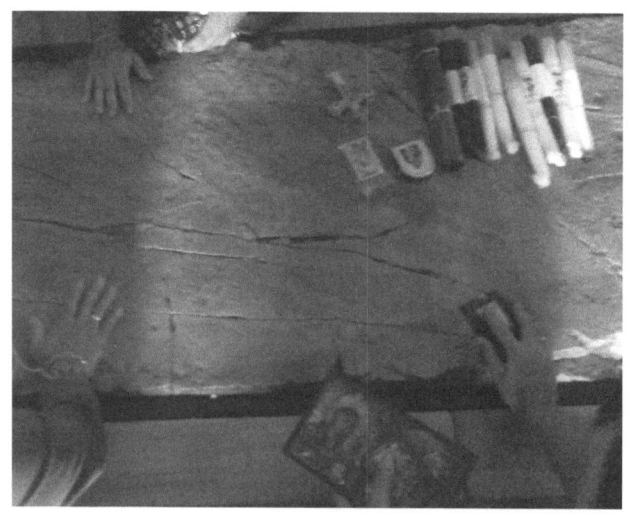

Jerusalem – Auferstehungskirche - Salbungsstein

In der Kirche herrscht großer Andrang, viele Pilger knien vor dem Salbungsstein und berühren bzw. küssen ihn. Dies ist auch der Ort der XIII. Kreuzwegstation. Viele Konfessionen sind in der Kirche vertreten und haben ihre eigenen Kapellen.

Danach besichtigten wir die Engelskapelle, in der Mitte des Raumes liegt ein Stück des Steines, mit dem das Grab Jesus versiegelt wurde. Hier konnten wir nur kurz hineinsehen. Das Grab ist wie ein Mausoleum für einen Pharao.

Um 14:00 Uhr erhöhte Attilio beim Grab die Frequenz, im Beisein seiner Schüler.

Laut unserem Reiseleiter hat St. Helena, die Mutter des römischen Kaisers Konstantin des Großen, das Kreuz gefunden, und ein Teil wurde nach Rom gebracht. Man weiß jedoch nicht, ob dieses Kreuz das Original ist.

Stefan erinnert sich, *dass Attilio hineinfühlte, und feststellte, dass dies nicht das Kreuz ist, auf welchem Jesus gekreuzigt wurde, es ist aber ein Kreuz, auf dem gekreuzigt wurde.*

Über das Christen- zum Moslemviertel passieren wir einzelne Kreuzwegstationen. Auf dem Leidensweg Christi bei der VIII. Station, wo Jesus dreimal hingefallen ist, lebte eine römische Dame, die seinen Schweiß mit einem Tuch abgewischt hat. Dieses Tuch ist angeblich auch im Vatikan.

Es ist wichtig, dass Attilio nun diesen Weg geht.

Der begangene Kreuzweg wurde von Attilio während des Gehens energetisch bearbeitet und die Leiden neutralisiert (Ende 14:50 Uhr).

Man kann sich das als eine Wolke vorstellen, die aus seinem Körper strömt.

Man müsste hier längere Zeit verbringen, um all die Eindrücke, Gefühle und Bilder, die auf uns einströmen, sortieren und verarbeiten zu können.

Da wir aber heute mit einer großen Reisegruppe unterwegs sind, müssen wir uns an den von der Reisegesellschaft vorgegebenen Zeitplan halten.

Weiter führt der Weg zur Klagemauer.

Die Klagemauer ist stark gesichert und abgeriegelt. Wenn man hinein möchte, muss man seine Taschen durchleuchten lassen, auch beim Hinausgehen.

Im Jüdischen Viertel an der Klagemauer - oder richtiger Westmauer - stecken unzählige Gebetszettel mit Wünschen in den Mauerritzen. Für die Juden ist die Kotel (hebräisch Mauer) der heiligste Ort weltweit, er stellt die Überreste des Tempels Salomons dar.

Um 15:00 Uhr erhöhte Attilio, im Beisein seiner Schüler, die Frequenz an der Klagemauer.

Vor der Erhöhung fühlte sich die Energie sehr schmerzhaft an, nach der Erhöhung sehr sanft.

Bei der Klagemauer gibt es einen Zaun, der die Betenden in zwei Abteilungen aufteilt. Links beten die Männer, rechts beten die Frauen.

Jerusalem - Klagemauer

Unser hiesiger Reiseleiter hatte uns von einer Sehenswürdigkeit zur anderen geführt, mittendurch und vorbei an der Masse der Pilger und immer die Gruppe der Russen aus un-

serem Bus vor Augen. Das war bestimmt keine leichte Aufgabe. Hier angekommen, hieß es Abschiednehmen. Dabei hat
er uns eindringlich gesagt: Betet für mein Land.

Für 15:45 Uhr war die Abfahrt aus Jerusalem geplant. Die
Fahrt ging aus der Stadt, weiter in eine Bergwelt hinein, in
der wieder selten etwas Grünes zu sehen ist.

Anni: *Um 17:45 Uhr konnten wir über den Bergen den Sonnenuntergang beobachten. Das heißt, wir waren nun in Israel von
Sonnenaufgang bis Sonnenuntergang. Mit der Uhrzeit bin ich mir
nicht sicher, denn irgendwann gab es einen Zeitunterschied, den
ich nicht mehr richtig einordnen kann.*

Nur knapp schafften wir den Grenzübergang nach Jordanien, da dieser um 20 Uhr geschlossen wird. Zu Fuß über-
querten wir die Grenze.

In Aqaba (Jordanien) sind wir in einem zentralen Hotel
abgestiegen. Hier werden wir einmal übernachten, danach
geht es morgen weiter in die Felsenstadt Petra.

Nach kurzer Pause für unsere Erfrischung trafen wir uns
zum gemeinsamen Abendessen im Restaurant des Hotels.
Das Hotel selbst liegt in der Nähe des Hafens. Von unserem
Zimmer aus konnten wir große Containerschiffe sehen.
Aqaba ist eine Freihandelszone und genießt gegenüber dem
Rest von Jordanien zollrechtliche Vorzüge.

Anni erinnert sich: *Nach dem Abendessen bin ich noch mit einer Kollegin spazieren gegangen. Wir haben uns vom Hotel nicht
sehr weit entfernt. Irgendwann waren wir in einem Park entlang
einer gut befahrener Straße. Da saß eine Gruppe einheimischer
Frauen. Beim Vorbeigehen konnte ich sehen, dass sie uns sehr inte-
ressiert beobachten und über uns reden. Als ich die eine Frau ange-
lächelt habe, kam sofort ein sehr nettes Lächeln zurück. Ich kann*

mich gut erinnern, dass ich mich über die nette Reaktion gefreut habe.

21. Tag, Mittwoch - Petra

Nach der gestrigen Nacht im Bus war die heutige Übernachtung im Hotel natürlich sehr luxuriös. Gut erholt trafen wir uns alle sechs beim gemeinsamen Frühstück.

Anschließend ging es mit unserem Gepäck zum Bus, um die Fahrt zur Felsenstadt Petra anzutreten.

Unser Reiseleiter Achmed hat fünf Jahre in Deutschland gelebt, wohl deshalb sprach er so gut Deutsch. Im September und Oktober waren wir die dritte Gruppe, die er begleiten durfte, das ist in der Hauptsaison außergewöhnlich wenig.

Er erzählt uns über das Land, die Hauptstadt Amman und die Hafenstadt Aqaba. In dieser leben ca. 130.000 Einwohner und es ist die einzige Stadt Jordaniens, die Zugang zum Meer hat, zum Roten Meer, am Golf von Aqaba.

Jordanien hat 13 große Städte, hat vier Außengrenzen, ihr König heißt Hussein. In den Bergen und Wüsten leben Beduinen in Zelten, oft 10 Familien zusammen, die dann gemeinsam von einem Ort zum anderen ziehen. Sie haben jordanische Pässe, und im Vergleich zu früher dürfen sie nicht mehr frei in der gesamten Wüste reisen. Beeindruckend ist, dass die Beduinen sich auch nachts perfekt in der Wüste orientieren können. Die Uhrzeit lesen sie z. B. am Schatten ab.

Die Berge hier haben wunderschöne Farben, jemand nannte sie „ein offenes Museum". In der Wüste Wadi Rum wurden die Filme „Lawrence von Arabien", „Indiana Jones" und „Ali Baba" gedreht.

Die ca. 93 % Anhänger des Islams und die rund 5 % Christen leben in Jordanien gut zusammen.

Die Jordanier können auch fast in alle arabische Länder ohne Visum einreisen (mit 3 Ausnahmen).

Auf knapp 90.000 qkm leben etwas über 6 Mio. Einwohner. Davon leben mehr als 4 Mio. im Norden.

Von allen Einwohnern gehören ca. 1/3 der Leute zu der armen Schicht.

In Aqaba spricht man arabisch. Es gibt eine Hoch-Arabische Sprache, deshalb können sich alle Menschen aus den 20 arabischen Ländern sehr gut miteinander verständigen. Im Winter liegen in Aqaba die Wohlfühltemperaturen zwischen 10 – 15 °C.

Attilio hatte uns schon im Vorfeld erklärt, dass wir auf dem Weg nach Petra am Grab von Aaron (Bruder von Moses) vorbeifahren werden. Wie er uns sagte, hatte er sich gewünscht, dass wir dort halten. Nun sind wir da, links von uns sieht man weit in den Bergen von Petra eine kleine Moschee mit weiß schimmernder Kuppel. Dort auf ca. 1350 Meter Höhe liegt das Grab von Aaron. Der Bus hält tatsächlich.

Um 11:50 Uhr Ortszeit erhöhte Attilio, im Beisein seiner Schüler, in den Bergen von Petra, die Frequenz des Grabes von Aaron (Bruder von Moses), so wie es Aaron zusteht. Die Frequenz ist nun viel feiner.

Wir halten unsere Hand Richtung Grab und fühlen die Energiefrequenz.

Nach kurzer Pause ging die Fahrt weiter, in Richtung Petra.

Jordanien - Grab von Aaron

Die frühere Weihrauchstraße führte im 4.-5. Jhdt. v.Chr. durch Petra, hier kreuzten sich wichtige Handelsstraßen. Nur an wenigen Orten der Welt schufen Menschen eine Architektur, die sich so vollendet in die Landschaft einpasst. Leider gab es aber hier im Laufe der Zeit sehr viele Erdbeben.

Die Felsenstadt Petra gehört seit 2007 zu den sieben neuen Weltwundern. Im Moment ist die Zahl der Touristenbesuche leider auf ca. 30% zurückgegangen. Heute ist Petra nicht mehr bewohnt, sie dient aber noch als Touristenattraktion.

Der Name des Tals um Petra wird Wadi Musa (auf Deutsch = das Tal Moses) genannt und bezieht sich auf die Bibel, wonach Moses mit seinem Stab Wasser aus dem Fels gehauen haben soll.

Wichtige Bauwerke in der Stadt, welche man sich unbedingt ansehen sollte, sind das „Schatzhaus", das Römische Amphitheater, die Gräber der Königswand. Die in den Fels gehauenen Grabtempel haben die Jahrtausende überdauert. Motorisierte Fahrzeuge sind in Petra nicht erlaubt. Bestimmte Strecken im Canyon, die sehr gut unter den Beduinenfamilien aufgeteilt sind, kann man mit Kamel, Pferd, Esel oder Kutsche zurücklegen.

Falls man Petra nicht zu Fuß erkunden kann oder möchte, kann man z. B. eine Pferdekutsche mieten. Somit können auch ältere oder behinderte Menschen mindestens die Hauptattraktion besuchen.

Die Beduinen, in deren Gebiet Petra liegt, wurden umgesiedelt. Sie wohnen in den umliegenden Dörfern, vor allem im Wadi Musa. Manche nutzen ihre früheren kühlen Wohnungen als Souvenir-Läden.

Zwei Mitglieder unserer Gruppe reiten die erste Strecke mit den Pferden. Der Rest der Gruppe geht mit dem Reiseleiter zu Fuß durch den Eingang (Siq) in das Tal.

Auch wenn man viel über Petra gelesen hat, ist man nicht auf diesen außergewöhnlichen Ort vorbereitet. Das muss man einfach mit eigenen Augen gesehen haben.

Der einzige Weg in die Stadt führt durch den Siq. Das ist ein schmaler Gebirgspfad, der auf beiden Seiten von hohen Felsen mit vielen Löchern umgeben ist. Es ist ein sehr ergreifendes Gefühl, hier durchzugehen.

Der Weg durch den Siq ist ein Erlebnis, auch durch die beeindruckenden Farben und Felsformationen. Am Ende des

Siq, wenn sich der Blick auf das Schatzhaus öffnet, ist man restlos überwältigt.

Plötzlich stehen wir vor einem imposanten Tor (ca. 40 m hoch und ca. 25 m breit), im hellenistischen Stil erbaut. Das Schatzhaus ist das bekannteste und berühmteste Bauwerk in Petra.

An der Fassade erkennen wir Abbildungen von 4 Adlern, 2 Urnen, eine Statue von Isis, ein Giebel mit Rosen, Weingläser.

Hier muss man einfach stehen bleiben, die Energie genießen. Die meisten Kollegen spüren Bilder aus vergangenen Zeiten, dieser besondere Ort bringt sie in unser Bewusstsein. Das ist ein bemerkenswerter Moment auf der Wanderung durch die Felsenstadt Petra.

Zu sehen sind auch die Reste eines Mannes mit Pferd, der laut der griechischen Mythologie die Toten mitnahm. 2004 wurde noch eine Etage unten entdeckt. Der Eingang ist mit Gitter versehen, so kann man einen Blick „erhaschen".

Um 13:55 erhöhte Attilio im Beisein seiner Schüler die Frequenz des Schatzhauses um 25 %, - wie die Frequenz seiner Lehre.

Seitlich am Wegrand sieht man die Wassergräber, mit denen das Wasser in die Stadt geleitet wurde. Die Bewohner sammelten das Regenwasser in Zisternen. Das alles wurde vom Volk der Nabatäer gebaut. Der Weg ist teilweise im Originalzustand, teilweise neu gemacht, in jedem Fall gut zu laufen.

Petra - Siq

Petra - Schatzhaus

In den Wänden des Siq sind Abbildungen von Göttern. Der Hauptgott hatte sowohl quadratische Augen als auch eine solche Nase. Die kleine Statue links von ihm ist seine Frau. Durch die Grotte links über der Statue kamen die Beduinen und brachten Opfer für ihren Gott.

Auf der ganzen Wanderung durch Petra, vor allem wenn man die Felswände nach oben sieht, fühlt man wie winzig der Mensch ist. Und doch hat der Mensch schon vor ewigen Zeiten diese Stadt geschaffen.

Weiter führte unser Weg durch die Fassadenstraße, zum Amphitheater, das im römischen Stil gebaut ist. Hier sind auch die ersten Wohnungen zu sehen, welche für die reichen Bewohner gebaut wurden.

Am Ende der Schlucht erkennt man weit weg die Ortschaften, in welche die Beduinen umgesiedelt wurden.

Petra - Amphitheater

Hier beginnt auch der Aufstieg zum Felsentempel. Alle, außer Anni, steigen mit Attilio zum Tempel auf. Oben angekommen bereiten wir uns für die Energiearbeit vor.

Alle nehmen sich bei der Hand:

Um 14:40 Uhr hat Attilio, im Beisein seiner Schüler, die alte Lichtsäule aufgelöst und vor dem größten Königsgrab – dem sogenannten Urnengrab - eine neue aufgebaut, ohne Wünsche.

Stefan notierte später in sein Tagebuch: *Nach dem Aufbau vibrierte mein ganzer Körper. Die Frequenz ist einzigartig stark und berührt jeden auf seine Weise. Es ist wie eine schnell explodierende Lichtsäule. Die Moleküle in der Luft richten sich neu aus.*

Petra - Lichtsäule vor dem Urnengrab

Attilio beim Aufbau der **AUNDA** Welle

Um 14:45 Uhr hat Attilio, im Beisein seiner Schüler, im Urnengrab die AUNDA Welle aufgebaut.

Es wurde sofort sehr kühl, so dass manche Schüler Gänsehaut bekamen. Für einen weiteren Indiana Jones Film könnte nun ein neuer Schatz gefunden werden, wie wir augenzwinkernd bemerkten.

Wie bereits früher, ist hier mit den Lichtsäulen ein Dreieck entstanden: Israel, Jordanien (Petra) und Sinai.

Das Urnengrab mit seinem riesigen Vorhof, der größten Felshalle, ist wahrlich beeindruckend. Innen ist die ganze Palette an Sandsteinfarben zu bewundern.

Anni erinnert sich: *Da ich nicht mit den anderen zum Tempel hochstieg, bin ich den Rückweg alleine gelaufen. So konnte ich in meinem Tempo gehen. Vieles habe ich mir noch einmal angesehen und reflektiert. Der Rückweg hat viele Gefühle in mir hochgebracht. Es war für mich so ein Glücksgefühl, dass ich in Petra war, das kann ich gar nicht beschreiben. Mich persönlich hat die Felsenstadt Petra noch mehr beeindruckt, als die vielen Pyramiden in der Umgebung von Kairo.*

Als ich mich in den Bus gesetzt habe, waren die ersten der Gruppe auch schon da.

Für die Weiterfahrt wurde vorab ein fester Zeitpunkt vereinbart. Einige verspäten sich. Der Fahrer wartet 10 Minuten und fährt dann los. Die Verspäteten müssen jetzt selbst sehen, wie sie den Bus einholen.

Die Rückfahrt ist für uns ohne Probleme verlaufen. Kaum zu glauben, dass wir zweimal über drei Grenzen gehen mussten, Jordanien, Israel und Ägypten.

Unsere Busse waren auf dieser Fahrt jederzeit pünktlich, auch das Taxi, das uns die letzte Strecke nach Dahab fahren wird.

Diese Reise war der krönende Abschluss eines sehr ereignisreichen, lehrreichen, immer spannenden und oft sehr lustigen Urlaubes. Erst nach gründlichem Nachdenken und Reflektieren unserer Erlebnisse wird es uns richtig bewusst, welch ein Geschenk das für uns alle war.

Anni: Keiner von uns war auf so viele Erlebnisse vorbereitet. Vielleicht hatten wir auch Glück, dass im Moment nicht so viele Touristen da sind. Aber ganz bestimmt hatten wir Glück, dass Attilio und Stefan, als ein gut eingespieltes Team, die Ausflüge so gut und günstig organisiert haben.

Drei Wochen sind nun um, morgen fliegen wir nach Hause. Deshalb gehen wir nach kurzer Erfrischung zu unserem Abschiedsessen ins Aladdin. Wir hatten Bescheid gegeben, dass wir sehr spät zum Essen kommen werden.

Da das Restaurant einverstanden war, konnten wir noch ein letztes Abendmahl mit Langusten, Fische und gegrilltem Gemüse genießen.

Zum Abschiedsessen hatte Attilio uns alle eingeladen. Auch er war froh, dass wir diese sehr guten und wichtigen Ausflüge machen konnten, und dass während der ganzen Reise keine Hindernisse aufgetreten sind.

Weit nach Mitternacht, ca. halb zwei Uhr waren wir im Hotel.

Stefan erinnert sich: *Attilio machte mich aufmerksam, in den Nachthimmel zu blicken. Dort erschien uns der Mond genau zentriert in einem Wolkenring - dreidimensional verbunden - wie ein riesiger Meisterpokal. Dies ist unsere Auszeichnung und Belohnung des Himmels. Leider konnte ich dies wegen der Dunkelheit fotografisch nicht festhalten.*

Unter Berücksichtigung der politischen Ereignisse und Unruhen vor und nach unserer Reise empfinden wir großes Glück und Dankbarkeit dafür, dass alle unsere Pläne, Ausflüge, sogar nächtliche Überlandfahrten so gut geklappt haben.

DANKE aus ganzem Herzen an alle unsere geistigen Helfer.

22. Tag, Donnerstag - Rückflug

Beim letzten gemeinsamen Frühstück tauschten wir noch die Eindrücke unserer Reise aus.

Bis 15:00 Uhr hatte jeder die Zeit zur freien Verfügung um sich selbst zu organisieren, Koffer zu packen oder einfach Dahab zu genießen.

Unser bekannter Fahrer (Steven) holte uns am Hotel ab. Er fährt immer die Gäste des Hotels zum Flughafen, das ist ein Service des Hotels.

Wir hatten wieder eine Fahrt vor uns, über die Schnellstraße, an den braunen Bergen vorbei, deren Anblick uns inzwischen sehr vertraut war. Das ist ein besonderer Anblick, begleitet von einem eigenartigen wehmütigen Gefühl, denn wer weiß, wann, wie oder wer noch einmal diesen Anblick haben wird.

Um ca. 16:00 Uhr sehen wir noch einmal den bekannten Adler als Wolkengebilde am Himmel. Attilio bemerkte ihn als Erster, und uns war allen klar, Attilio wurde verabschiedet.

Um 18:15 Uhr ist Abflug. Wir sind problemlos durch den Zoll gekommen und haben jetzt noch Zeit, gemeinsam etwas zu essen und noch manches zu besprechen.

So planen wir z. B. für den nächsten Tag ein Treffen mit einer Kollegin aus München und mit Stefans Frau, die beide nicht mit auf der Reise waren.

Der Flug war angenehm und wir sind gut in München gelandet.

Kurz vor 24:00 Uhr gingen wir im Flughafen Richtung S-Bahn, dort herrschte Chaos, aufgrund der Reparaturarbeiten an den Gleisen im Innenstadtbereich.

Anni ist am Ostbahnhof ausgestiegen und mit dem Taxi nach Hause gefahren. Alle anderen mussten bis Pasing, da umsteigen und zurück zum Hauptbahnhof fahren. Ziemlich kompliziert, vor allem, wenn man sich in München nicht gut auskennt.

Mit Stefan, der in München zu Hause ist, kamen aber alle gut und zeitig an.

Nachwort

Vieles haben wir auf unserer Reise erlebt. Uns ist bewusst, viele Momente werden einmalig bleiben; und es ist uns klar, das ein oder andere können wir voraussichtlich erst später richtig „fassen" und verarbeiten. Dennoch hat sich jeder Moment und jedes Gefühl tief in unsere Herzen eingeprägt.

Stefan: Mir wurde auf unserer Reise bewusster, was Attilio zu Beginn mit „mehr Göttlichkeit leben" aussagte.

Zahlreiche Wunder haben wir erlebt. So z. B. Annis Kreislaufkollaps während des Aufstiegs zum Mosesberg auf dem Kamel, anschließend noch weiterzugehen um den Gipfel zu erklimmen, hätte ich unter normalen Umständen für unmöglich und riskant gehalten.

Das Wunder der gekühlten Getränke am dritten Tag zeigt uns, dass Attilios Wünsche, unabhängig von den äußeren Umständen, in Erfüllung gehen.

Auch die energetische Wand gegen den kalten Wüstenwind über dem warmen Meereswasser, welche bewirkte, dass der Temperaturunterschied nicht mehr so stark war und weniger Wind entstand. Dies geschieht bei Attilio selbstverständlich im Einklang mit den Gesetzen der Natur.

*Die göttliche Botschaft lautet für mich: **Wunder geschehen**, lasst euch darauf ein.*

Jede energetische Arbeit wird belohnt und es wird uns immer weitergeholfen; man muss es nur annehmen, wie das Beispiel der Klosterschwestern zeigte.

Wir sind verbunden mit der göttlichen Führung und unserem gestärkten Vertrauen auf Gott, dies hilft uns in zahllosen Situationen. So z. B. wurden wir in Kairo sicher geführt, trotz der großen Ausschreitungen und Tumulten mit Toten eine Woche vorher.

In einem Attilio Seminar vor Jahren hatte ich mir notiert: "Wir sind nicht allein, wir haben die Fähigkeiten der Götter, die wir jederzeit einsetzen können. Die Götter sind mit uns!"

Mehr Göttlichkeit leben, bedeutet auch die Götter und ihre Fähigkeiten anerkennen und darauf zu vertrauen. Die Fähigkeiten, welche Attilio uns in den Lehren vermittelt, auch leben. Die Möglichkeiten die Attilio seinen Schülern in Form der Fähigkeit zum Aufbau von Lichtsäulen oder Symbole wie Sonne/Mond schenkte, sind nur einzelne Beispiele.

Die Bedeutung der Himmelszeichen, z. B. Horus, kann und sollte jeder für sich selbst interpretieren.

Das unendliche Potential Attilios spiegelt sich in der Beherrschung der Elemente (Kühle / Wind) und seinem Sandelholzduft wieder.

Anni: *Mehr Göttlichkeit leben - das ist eine sehr tief greifende Aussage. Das beginnt schon in unserem täglichen Alltag.*

Wie oft urteilen wir über uns oder über andere, weil wir uns im Aussehen, im Handeln und im Reden vergleichen.

Wie oft zweifeln wir wohl wissend, dass der Zweifel alles Positive aus uns vertreibt.

Wie oft haben wir negative Gedanken uns oder anderen gegenüber, trotz des Wissens, dass auch unsere Gedanken Energie sind, die uns und andere negativ beeinflussen.

Wie oft fehlt uns das Vertrauen in unsere Fähigkeiten, in unser Wissen und in unser Können.

Wie oft gehen wir achtlos an der Bedürftigkeit und der Not anderer vorbei. Attilio sagte in einem Seminar sinngemäß "Das beste Gebet ist dem Nachbarn etwas Gutes tun und nicht schlecht über ihn reden".

*Wie oft vergessen wir, dass wir nie alleine sind und immer Hilfe bekommen, wenn wir um sie bitten und auch daran glauben, dass wir sie bekommen. Auch wenn das für manche Menschen lächerlich klingt, aber **der Glaube daran** hat einen wesentlichen Anteil am Geschehen. Ich habe darüber nachgedacht, wem ich eher helfen würde: Jemandem der glaubt, dass ich ihm die Hilfe gebe oder jemandem, der von Anfang an seine Zweifel anmeldet und mir misstraut. Meine Antwort war eindeutig.*

Das sind nur einige Beispiele in meinen Augen, deren geänderte Einstellung uns helfen könnte, unsere eigene Göttlichkeit mehr zu leben.

Stefan: *Über viele Erlebnisse haben wir im Reisetagebuch berichtet und Dankbarkeit erfüllt mich von Herzen. Wir sind Botschafter des Horus, wie Attilio es ein Jahr zuvor mir gegenüber formulierte. Dies ist für mich persönlich eine sehr schöne Aufgabe; dieses Buch und die Reise sind für mich ein kleiner Bestandteil dieser Herausforderung.*

Die Götterwelt und der Himmel mit seinen Sternen spielten bisher für mich eine weniger wichtige Rolle. Aber in unserem Urlaub gab es kaum einen Abend, an welchem wir nicht den nächtlichen Sternenhimmel bewunderten – so strahlend, bedeutungsvoll und stark. Ägypten und seine Tempel werden häufig als Spiegelbild des Himmels bezeichnet und für die alten Ägypter kamen die Götter von den Sternen. Mir wird bewusst, dass wir häufig nach Antworten suchen und je nach persönlicher Erfahrung und Verständnis erhalten wir diese. Und obwohl sich alles verändert, schneller und schneller, fühlen sich viele tausend Menschen stark vom Alten Ägypten angezogen. Dies hat seinen Grund und liegt in den Antworten, die sich viele von der faszinierenden Umgebung erwarten.

Aber jede Reise und jede Suche nach Antworten beginnt zuerst einmal in uns selbst. Attilios Lehren sind wahrlich göttliche Geschenke.

Anni: *So viel wie auf dieser Reise habe ich noch auf keiner meiner Reisen erlebt. Es war immer Leben in der Gruppe spürbar, es kam nie Langeweile auf. Ich habe über mich und über andere viel gelernt. Die Erfahrungen dieser Reise haben mir auch einige Erkenntnisse gebracht, für die ich sehr dankbar bin.*

Mir ist bewusst geworden: Man sollte sich auf Reisen gut vorbereiten, viele Informationen über die Orte sammeln, körperlich fit und gut erholt sein, sich unbedingt erkundigen, was man alles auf der Reise brauchen wird (z. B. gute Wanderschuhe, Wanderstöcke, eine Stirnlampe, usw.).

Heute verstehe ich, warum nicht nach jedem Urlaub ein Buch über die Erlebnisse geschrieben wird. Nach meinem Gefühl ist es sehr schwer, die vielen Details festzuhalten. Man ist in die Situationen involviert, man muss sie verstehen, „verdauen" und integrieren. Dazu muss man einen freien Kopf haben. Viel Zeit für Notizen bleibt einem da nicht, denn man sollte die Erholungszeit einhalten, um sich zu erholen.

Wie jemand so schön sagte, so eine Reise beginnt erst zu Hause. Das stimmt. Erst heute weiß ich, wie viel Wahrheit hinter diesen paar Wörter steckt.

Anni: *Der Satz von Attilio „Wenn jemand sagt, dass er kein Geld hat, **dann ist es so.***" *Das ist seine persönliche Einstellung zum Thema Geld. Es hat mich viel zum Nachdenken gebracht. In dem Wissen, dass da die alte Regel des Bewusstseins greift: **„Handele als ob, und es wird so sein"**, muss ich mir überlegen, wie ich das in meinen Alltag konsequent umsetze.*

DANKE Attilio für Deine Direktheit, die in den entsprechenden Situationen nicht immer leicht zu verkraften ist, aber umso intensiver im Gedächtnis bleibt.

Anni: *Auf der Reise ist mir klar geworden, dass es für Attilio eine Freude ist, wenn seine Schüler glücklich sind und sich freuen. Ich habe auch die Vermutung, still und heimlich provoziert er kleine Freuden für uns. Dies realisiert man erst nach einiger Zeit, wenn man ihn intensiver erlebt und kennenlernt.*

Wir sollten auch auf kleine und beiläufige Bemerkungen Attilios mehr achten, denn wenn er etwas sagt, hat es immer einen Grund und einen tieferen Sinn.

Die Aussage von Attilio "Mich kann niemand ausnutzen, denn er nutzt sich dann selbst aus ...", war sehr prägnant und bestimmt nicht grundlos gesagt.

Attilio ist bescheiden, aber wenn es ums Essen geht, ist nur das Beste gut genug. Das versucht er auch uns zu vermitteln. Der Körper kann uns nur dann gute Dienste leisten, wenn wir ihm gesunde Nahrung geben.

Er versucht allen die schöne Wasserwelt nahe zu bringen.

Auf dieser Reise ist mir noch bewusster geworden, welch intensive Verbindung Attilio nach oben hat, und wie bewusst er das in aller Demut anwendet.

Attilio ist sehr tierlieb, vor allem aber liebt er Katzen. Das habe ich schon bei ihm zu Hause in Sardinien festgestellt. Auf der Reise ist es mir wieder aufgefallen.

Petra

Petra

Chronik der Veränderungen

03.10. – 15:10 Uhr
Lichtsäule Hurghada Airport
Tower
Diese Lichtsäule ist für alle
da. Was der Mensch
braucht, bekommt er auch.

06.10. – Dahab am Abend
Unser Wunder, die gekühl-
ten Getränke.
Attilio hat sich gewünscht,
dass das Getränk im Becher
kalt sein sollte. Und siehe da,
sobald es aus der Flasche in
den Plastikbecher geschüttet
wurde, wurde das Getränk
immer kälter, obwohl wir die
Plastikbecher in den Händen
hielten. Das war spürbar für
alle.

07.10. - Dahab – 22:30 Uhr
Energetische Wand gegen den
kalten Wüstenwind
Attilio hat eine energetische
Wand gegen den kalten Wüsten-
wind aufgezogen. Damit ist der
Temperaturunterschied zwischen
Luft und Wasser nicht mehr so
groß, so entsteht weniger Wind.

13.10. – 09:50 Uhr
Kairo / Gizeh
Energetische Veränderung
des Sarkophags in der
Chephren Pyramide

13.10. – 15:30 Uhr
Memphis Freilichtmuseum
Frequenz der liegenden
Ramses Statue II verfeinert

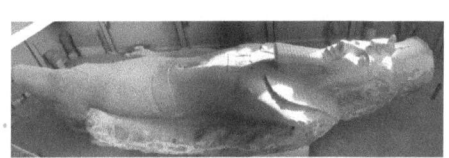

13.10. – 15:45 Uhr
Memphis vor der stehen-
den Ramses II. Statue
Lichtsäule 1 Million Boviseinheiten

14.10. – 09:40 Uhr
Kairo – Ägypt. Museum
Die **Frequenz der Mumien**
hat Attilio nochmals bearbeitet. Diese sind nun erhöht und schöner als zuvor.

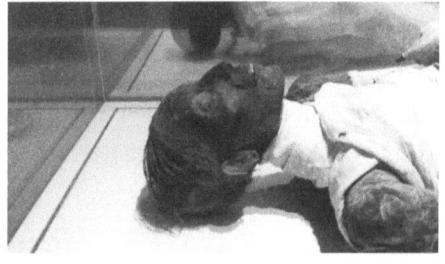

14.10.13 - 11:30 Uhr
Kairo - Horus-Statue
mit der Horus-Frequenz
energetisiert

14.10. - 15:25 Uhr
Kairo – Zitadelle
Lichtsäule mitten in der
Moschee, in der Zitadelle,
mit den Wünschen „Freiheit
und Spiritualität"

14.10. – 16:05 Uhr
Kairo - koptische Kirche
Heilige Jungfrau
Lichtsäule 1 Million BE,
vor dem Bild mit Mutter
Maria und dem Jesuskind.
Wunsch, dass die Menschen
Frieden bekommen.

**18.10. –11:48 Uhr
Sinai - Nonnenkloster Deir
Saghir
Frequenz** des Baumes verfeinert, mit dem Wunsch
ein jeder der ihn berührt,
bekommt, was er braucht.

**20.10. – 05:50 Uhr
Sinai - Mosesberg**

**Frequenz der Lichtsäule
und des Feuers** am Mosesberg verdoppelt

**22.10. - 07:07 Uhr
Israel – Totes Meer
Frequenz des Toten Mee-
res** so verändert, dass sich
die Frequenz immer an-
passt.

22.10. – 07:31 Uhr
Israel – Totes Meer
Lichtsäule mit einer Frequenz von mehr als 1 Million Boviseinheiten, mit den Wünschen „ spirituelles Wachstum und Freiheit". Der Kern dieser Lichtsäule hat einen Durchmesser von 5,50 m und eine Reichweite von 100 km. Sie erreicht die umliegenden Länder: Westjordanland, Jordanien und Israel.

22.10. – 11:40 Uhr
Israel – Bethlehem
Geburtskirche
Attilio baut in der Mitte der Geburtskirche, eine **Lichtsäule**, die den Menschen das gibt, was sie gerade brauchen.

22.10. – 11:50 Uhr
Israel – Bethlehem
Geburtskirche
Attilio veränderte die Frequenz in der Grotte. Jetzt ist hier die Energie, wie bei der Geburt Jesus.

22.10. – 13:55 Uhr
Israel – Jerusalem
Auferstehungskirche
Lichtsäule von 1 Million BE an der Stelle wo Jesus einbalsamiert wurde (Salbungsstein). Diese Lichtsäule trägt keinen Wunsch, sondern Licht.

22.10. – 14:00 Uhr
Israel – Jerusalem
Auferstehungskirche
Attilio erhöhte beim Grab Jesu die **Frequenz**.

22.10. – bis 14:50 Uhr

Israel – Jerusalem
Kreuzweg

Der begangene Kreuzweg wurde von Attilio während des Gehens energetisch bearbeitet und die Leiden neutralisiert (Ende 14:50 Uhr).

22.10. – 15:00 Uhr
Israel – Jerusalem
Klagemauer
Frequenz erhöht

23.10. – 11:50 Uhr
Jordanien - Grab Aaron
Attilio verfeinert in den Bergen von Petra, die **Frequenz** des Grabes von Aaron (Bruder von Moses), so wie es Aaron zusteht.

23.10. – 13:55 Uhr
Jordanien - Petra
Attilio verändert die **Frequenz des Schatzhauses** um 25 %, - wie die Frequenz in seiner Lehre.

23.10. – 14:00 Uhr
Petra - Urnengrab
Attilio hat die alte Lichtsäule aufgelöst und vor
dem größten Königsgrab –
dem sogenannten Urnen-
grab - eine **neue Lichtsäule**
aufgebaut, ohne Wünsche.

23.10. – 14:45 Uhr
Petra - Urnengrab

Attilio hat im Urnengrab
die AUNDA Welle aufge-
baut.

23.10. – bis 15:45 Uhr
Petra –
Energetische Bereinigung
der Gänge in der Felsen-
stadt Petra, hierbei strömt
aus Attilio eine energetische
Wolke.

Über tredition

Der tredition Verlag wurde 2006 in Hamburg gegründet. Seitdem hat tredition Hunderte von Büchern veröffentlicht. Autoren können in wenigen leichten Schritten print-Books, e-Books und audio-Books publizieren. Der Verlag hat das Ziel, die beste und fairste Veröffentlichungsmöglichkeit für Autoren zu bieten.

tredition wurde mit der Erkenntnis gegründet, dass nur etwa jedes 200. bei Verlagen eingereichte Manuskript veröffentlicht wird. Dabei hat jedes Buch seinen Markt, also seine Leser. tredition sorgt dafür, dass für jedes Buch die Leserschaft auch erreicht wird

Autoren können das einzigartige Literatur-Netzwerk von tredition nutzen. Hier bieten zahlreiche Literatur-Partner (das sind Lektoren, Übersetzer, Hörbuchsprecher und Illustratoren) ihre Dienstleistung an, um Manuskripte zu verbessern oder die Vielfalt zu erhöhen. Autoren vereinbaren unabhängig von tredition mit Literatur-Partnern die Konditionen ihrer Zusammenarbeit und können gemeinsam am Erfolg des Buches partizipieren.

Das gesamte Verlagsprogramm von tredition ist bei allen stationären Buchhandlungen und Online-Buchhändlern wie z. B. Amazon erhältlich. e-Books stehen bei den führenden Online-Portalen (z. B. iBook-Store von Apple) zum Verkauf.

Seit 2009 bietet tredition sein Verlagskonzept auch als sogenanntes "White-Label" an. Das bedeutet, dass andere Personen oder Institutionen risikofrei und unkompliziert selbst zum Herausgeber von Büchern und Buchreihen unter eigener Marke werden können.

Mittlerweile zählen zahlreiche renommierte Unternehmen, Zeitschriften-, Zeitungs- und Buchverlage, Universitäten, Forschungseinrichtungen, Unternehmensberatungen zu den Kunden von tredition. Unter www.tredition-corporate.de bietet tredition vielfältige weitere Verlagsleistungen speziell für Geschäftskunden an.

tredition wurde mit mehreren Innovationspreisen ausgezeichnet, u. a. Webfuture Award und Innovationspreis der Buch-Digitale.

tredition ist Mitglied im Börsenverein des Deutschen Buchhandels.

Zeitfracht Medien GmbH
Ferdinand-Jühlke-Straße 7
99095 Erfurt, Deutschland
produktsicherheit@kolibri360.de